Zeitgeschichte

Zeitgeschichte
Ullstein Buch Nr. 33011
im Verlag Ullstein GmbH,
Frankfurt/M – Berlin – Wien

Originalausgabe

Umschlagentwurf: Hansbernd Lindemann
Umschlagfoto: Ullstein Bilderdienst

Redaktion: Reinhard Barth
Mitarbeiter: Wulf C. Schwarzwäller,
Horst G. Tolmein
Gestaltung: Peter Buschan
1979 Verlag Ullstein GmbH,
Frankfurt/M – Berlin – Wien
Printed in Germany 1979
Gesamtherstellung:
Ebner Ulm
ISBN 3 548 33011 8

CIP-Kurztitelaufnahme
der Deutschen Bibliothek

Zentner, Christian:
[Der Kriegsausbruch, erster September
neunzehnhundertneununddreißig]
Der Kriegsausbruch, 1. September 1939:
Daten, Bilder, Dokumente / Christian
Zentner. – Orig.-Ausg. – Frankfurt/M,
Berlin, Wien: Ullstein, 1979.
([Ullstein-Bücher] Ullstein-Buch;
Nr. 33011: Zeitgeschichte)
ISBN 3-548-33011-8

Christian
Zentner

Der Kriegsausbruch – 1. September 1939

Daten, Bilder, Dokumente

Zeitgeschichte

Inhalt

Vorwort

Am 1. September 1939, frühmorgens, begann mit den 28-cm-Breitseiten, die das alte Linienschiff »Schleswig-Holstein« auf polnische Befestigungen vor Danzig abfeuerte, der Zweite Weltkrieg. Mochte Hitler auch behaupten, er lasse nur zurückschießen, und mochte sein Auswärtiges Amt auch die Version verbreiten, die Strafaktion sei noch nicht als Krieg zu werten – mit dem Eintreten Englands in seine Bündnisverpflichtungen gegen Polen und der Abgabe der Kriegserklärung durch Botschafter Henderson am 3. September war der Krieg da, der die Welt in Brand setzte und 55 Millionen Menschen das Leben kostete.

Wie es dazu kam, schildert dieses Buch. Es erzählt Deutschlands Geschichte zwischen dem 30. Januar 1933, da Hitler zur Macht kam, und dem 5. Oktober 1939, da er in Warschau die Parade seiner siegreichen Truppen nach ihrem ersten »Blitzkrieg« abnahm. Vom Zufall begünstigt, mit feinster Witterung für die Schwächen seiner Gegner begabt, von vielen europäischen Politikern verkannt, wenn nicht gar als Bolschewistenfeind begünstigt, machte Hitler den Versailler Vertrag zunichte, forcierte die Rüstung und verleibte seinem Reich ein Territorium nach dem anderen ein: das Saargebiet, die entmilitarisierte Zone im Rheinland, Österreich, Sudetenland, »Protektorat Böhmen und Mähren«, Memelgebiet . . .

Stets spielte er mit vollem Einsatz, stets dachte er an Krieg, daran, daß »die anderen« über ihn »herfallen« würden und, je stärker seine Nation wurde, daß die Zeit komme, den »Lebensraum im Osten« zu erobern. Er hatte den Krieg nicht fürs Jahr 1939 kalkuliert und nicht wegen Polen, aber er war auch nicht gesonnen abzulassen von dem, was er die »günstige Gelegenheit« nannte; also befahl er den Angriff gegen den östlichen Nachbarn, in der Hoffnung, es werde auch diesmal ihm keiner in die Quere kommen.

Die Hoffnung trog.

Das Reich schüttelt seine Fesseln ab

> Wenn die Westmächte Unentschlossenheit
> zeigen, so werden sie früher oder
> später Krieg haben.
> *Karl Radek in einem Leitartikel der*
> *Iswestija, März 1936*

Es ist der 3. Februar 1933. Vor vier Tagen hat der greise Reichspräsident von Hindenburg den knapp 45 Jahre alten Führer der NSDAP, Adolf Hitler, zum neuen Reichskanzler der Republik berufen, die von Regierungskrisen geschüttelt wird und wirtschaftlich vor dem Zusammenbruch steht.

Hitler regiert noch nicht allein. Er muß sich auf eine Koalition mit dem konservativen Lager und der reaktionären deutschnationalen Partei unter dem Zeitungszar Alfred Hugenberg stützen. Was sehr wichtig ist: Sein Kriegsminister ist Generaloberst Werner von Blomberg. Und der steht den Nazis wohlwollend, wenn nicht sympathisierend gegenüber.

An diesem 3. Februar hat Blomberg den neuen Reichskanzler zum Mittagessen in die Wohnung des Chefs der Heeresleitung, General der Infanterie Kurt Freiherr von Hammerstein-Equord eingeladen. Auch die führenden Generale und Admirale der Reichswehr sind in die Dienstwohnung in der Berliner Bendlerstraße 14 zu Tisch gebeten worden. Hitler hat Blomberg ersucht, dieses Zusammentreffen mit der Generalität zu arrangieren. Er will den hohen Offizieren seine außenpolitischen Ziele erläutern.

Während des Essens scheint der neue Reichskanzler sichtlich nervös. An der Unterhaltung beteiligt er sich zurückhaltend. Dann, nach dem Dessert, klopft er an sein Glas und bittet um Gehör. Dem nun folgenden mehr als zweistündigen Monolog lauschen die Generale und Admirale ebenso interessiert wie

skeptisch. Die Kernpunkte: »Wir müssen die Jugend und das ganze Volk auf den Gedanken einstellen, daß nur der Kampf uns retten kann. Deshalb müssen wir den Wehrwillen des Volkes mit allen Mitteln stärken. Die wichtigste Voraussetzung ist der Aufbau der Wehrmacht. Deshalb muß die allgemeine Wehrpflicht kommen. Ein pazifistisches Volk erträgt diese Zielsetzung nicht. Deshalb muß es dazu erzogen werden. Ziel ist die Wiederherstellung der deutschen Macht. Der Marxismus muß mit Stumpf und Stiel ausgerottet werden!« Dann kommt Hitler auf die Frage zu sprechen, wie die gewonnene Macht schließlich genutzt werden soll: »Das Ziel ist die Eroberung neuen Lebensraums im Osten und dessen rücksichtslose Germanisierung.« Hitler räumt ein, daß es Risiken gibt: »Die gefährlichste Zeit ist die des Aufbaus der Wehrmacht. Da wird sich zeigen, ob Frankreich Staatsmänner hat. Wenn ja, wird es uns nicht Zeit lassen, sondern über uns herfallen, vermutlich mit Ost-Trabanten.« (Gemeint sind hier Polen und die Tschechoslowakei.)

Hitlers Sorgen um die Risiken einer Remilitarisierung waren keineswegs unbegründet. Schon in seinen Reden während der »Kampfzeit« hatte sein Wille, »das Schanddiktat von Versailles zu zerfetzen«, stets im Mittelpunkt seiner Polemiken gestanden. Besonders Polen, das im Versailler Vertrag territorial am meisten von Deutschland gewonnen hatte, sah in Hitlers Regierungsübernahme eine unmittelbare Bedrohung. Schon Anfang 1933 hatte der polnische Staatspräsident Marschall Jozef Pilsudski der französischen Regierung vorgeschlagen, einen Präventivkrieg gegen Deutschland zu führen. Die Franzosen, die sich hinter ihrer Maginot-Linie völlig sicher fühlten, hatten den Vorschlag jedoch kühl abgelehnt. Sie wußten, daß England sich einem solchen Unternehmen mit aller Schärfe widersetzt hätte.

Und England hieß die Trumpfkarte, auf die Hitler bei seinem gefährlichen Spiel setzen wollte.

Der Macht seiner Rede verdankte er den Aufstieg. Auf dem Weg von den verräucherten Hinterzimmern Münchener Kneipen bis hin zur Tribüne des Reichstages erprobte Hitler immer wieder sein demagogisches Talent, die Zuhörer faszinierend, wie auch selbst von seinen Tiraden berauscht

Es war bekannt, daß die harten Bedingungen des Versailler Vertrages in England stets Unbehagen hinterlassen hatten. Nicht so sehr aus besonderer Sympathie für Deutschland, sondern weil die Auswirkungen des Vertrages das traditionelle britische Konzept von der »Balance of Power«, dem Gleichgewicht der Kräfte auf dem europäischen Kontinent erheblich störten. Deshalb hatte sich der britische Premierminister Lloyd George in Versailles zum Teil sehr temperamentvoll für eine Milderung vieler Bedingungen eingesetzt. Lloyd George und mit ihm viele britische Politiker fürchteten, daß die ungerechte Härte gegenüber Deutschland – ganz ähnlich wie die übertriebene Demütigung Frankreichs im Jahre 1871 durch Deutschland – mit Sicherheit einen neuen europäischen Krieg heraufbeschwören würde. Und Winston Churchill hatte über den Versailler Vertrag folgendes geschrieben: »Es ist natürlich, daß ein stolzes Volk, besiegt im Kriege, danach strebt, sich so schnell wie möglich wieder zu bewaffnen. Es wird Verträge, die man ihm unter Zwang abgepreßt hat, nicht länger halten als es muß.«

Das Ringen um England

Hitler begann, um Englands Verständnis zu werben. Doch zunächst mußte er noch vorsichtig taktieren. Noch saßen in seiner Regierung Konservative wie Hugenberg und von Papen, die in ihren außenpolitischen Vorstellungen zu den »wilhelminischen Imperialisten« gehörten. Zwar wollten auch sie eine starke, möglichst hegemoniale Stellung für das Reich auf dem Kontinent wiedererringen, aber nicht so sehr, um »gen Osten zu reiten«, sondern um nach Übersee auszugreifen und Deutschlands verlorene Kolonien zurückzuerwerben. Der Besitz von Kolonien in Übersee aber setzt eine starke Flotte voraus. Es war klar, daß die Bestrebungen der Konservativen deshalb bei der Seemacht England auf Ablehnung stoßen mußten. Noch aber war auch das Außenamt unter dem Minister Konstantin Freiherr von Neurath ein Hort des konservativen »Establishments«.

Mit erstaunlicher Klugheit bediente sich Hitler unter bewußter Zurücksetzung der »Visionen« der unter revolutionären Vorstellungen angetretenen Mitglieder seiner eigenen Partei deshalb zunächst der Säulen des konservativen und reaktionären Establishments, das eigentlich ihn, den neuen Reichskanzler, »bewachen« sollte. Für ihn war es von unschätzbarem Wert, daß es seinem konservativen Vizekanzler, Franz von Papen, im Zusammenspiel mit Eugenio Pacelli, dem langjährigen Nuntius des Vatikans in Deutschland und späterem Papst Pius XII. gelang, den Heiligen Stuhl im Juli 1933 zum Abschluß eines Konkordats zu bewegen. Dadurch erhielt er jenen Kredit internationaler Glaubwürdigkeit, der zur Anerkennung durch das Ausland nötig war. Es störte ihn nicht, daß viele seiner kirchenfeindlichen Parteigenossen sich von ihrem Führer an die »römischen Pfaffen« verraten fühlten. Gleichzeitig entledigte er sich mit einem meisterhaften Schachzug seines konservativen Hauptgegenspielers Hugenberg.

Auf der Weltwirtschaftskonferenz in London im Juni 1933 hatte Wirtschaftsminister Hugenberg eine spektakuläre und heftig umstrittene Rede gehalten, in der er forderte, man müsse dem Deutschen Reich zur Deckung seines Rohstoffbedarfs überseeische Kolonien gewähren. Noch kurz zuvor hatte Hitler selbst seinem Wirtschaftsminister darin nicht widersprochen, da er die Deutschnationalen in seinem Kabinett nicht vor den Kopf stoßen wollte. Nun aber hatte Hugenberg mit seiner – auch noch in scharfer Form geäußerten – Forderung vor einem internationalen Forum Hitler England gegenüber in eine peinliche Lage gebracht. Erst kurz zuvor hatte dieser in einem Presseinterview mit dem britischen Journalisten Ward Price die Frage der Kolonien als »sekundäres« Problem bezeichnet. Als Reichsaußenminister von Neurath sich in der üblichen diplomatischen Form von Hugenbergs Attacke distanzierte, sah Hitler seine Chance. Als Hugenberg voller Zorn eine Genugtuung für das Neurathsche Dementi verlangte, stellte Hitler sich auf die Seite seines Außenministers. Hugenberg trat demonstrativ zurück, und Hitler sorgte dafür, daß die Gründe für den Rücktritt gezielt in die britische Presse lanciert wurden.

Ein Ausgleich mit England, besser noch ein Bündnis, stand

VERSA LLES
TRA
VERS

jetzt in den außenpolitischen Überlegungen Hitlers an erster Stelle. Ziel des Bündnisses: Deutschland wollte Englands Vormachtstellung als Seemacht unangetastet lassen und in jeder Weise unterstützen, England sollte dagegen Deutschland freie Hand in der Expansion nach Osten lassen und die Wiederaufrüstung Deutschlands tolerieren.

Hitlers Ziel war die *Aufrüstung*. Und deshalb machte er sich zunächst mit List und Verschlagenheit zum engagierten Anwalt der *Abrüstung*.

Im Februar 1933 wird in Genf die Welt-Abrüstungskonferenz wieder aufgenommen. Während Hitler in einer geheimen Kabinettsitzung am 8. Februar erklärt, in den nächsten fünf bis sechs Jahren müsse alles für die Aufrüstung getan werden, spielt der Leiter der deutschen Delegation in Genf, Botschafter Rudolf Nadolny, im Konferenzsaal den »Klassenprimus«. In der Präambel zum Teil V des Versailler Vertrages hatte es geheißen: »*Um die Einleitung einer allgemeinen Rüstungsbeschränkung aller Nationen zu ermöglichen,* verpflichtet sich Deutschland, die ... Bestimmungen über das Landheer, die Seemacht und die Luftfahrt genau innezuhalten.« (Hervorhebung vom Autor.)

Und so ist der Tenor von Nadolnys Argumenten: Deutschland hat abgerüstet. Sein Heer ist nur 100 000 Mann, seine Marine nur 15 000 Mann stark. Deutschland besitzt weder Panzer noch schwere Waffen. Deutschland besitzt keine Luftwaffe. Wo aber, bitte, bleibt die Abrüstung der anderen Länder? Wo bleibt die deutsche Gleichberechtigung? Solange die Nachbarn des Reiches nicht in gleicher Weise abrüsten, sei Deutschland jedem möglichen Aggressor schutzlos preisgegeben. Der Völkerbund sei ja gar nicht in der Lage, einen Aggressor wirksam zu stoppen; siehe der japanische Angriff auf die Mandschurei 1932. Deutschland wollte gar nicht aufrüsten. Deutschland fordere aber, daß die anderen abrüsten.

Der Kern von Hitlers außenpolitischer Strategie war der Kampf gegen »Versailles«. Dabei konnte er sich durchaus auf Zustimmung weiter Kreise des Bürgertums und der alten Führungsschichten stützen, galt doch das Friedensdiktat nach einem Krieg, den man nicht verloren zu haben glaubte, als revisionsbedürftig

Den Briten leuchten die maßvollen Argumente der deutschen Delegation ein. Premierminister MacDonald legt am 16. März einen Plan vor: Verdoppelung der Reichswehr auf 200 000 Mann. Verringerung der französischen Truppen (mit Ausnahme der Kolonialtruppen in Übersee) auf die gleiche Zahl. Verringerte Truppenstärken für alle anderen europäischen Länder. Internationale Ächtung des Luftkrieges.

Eine Woche später spricht Hitler vor dem Reichstag. Die Reichswehr nennt er die »einzige wirklich abgerüstete Armee der Welt.« Und vor England macht er eine diplomatisch ganz gezielte Verbeugung: »Als Zeichen des Gefühls der Verantwortung und des guten Willens erkennen wir es an, daß die britische Regierung in ihren letzten Vorschlägen in Genf den Versuch gemacht hat, die Konferenz endlich zu schnellen Entscheidungen zu bringen.« Noch sitzt im Reichstag auch eine Fraktion der Sozialdemokratischen Partei. Auch sie bejaht in der Abstimmung einhellig die außenpolitische Position der Regierung der »Nationalen Konzentration« unter dem neuen Reichskanzler Adolf Hitler.

Am 17. Mai schlägt Hitler in einer Erklärung zur Außenpolitik sogar die »totale Abrüstung« vor: »Deutschland wäre ohne weiteres bereit, seine gesamte militärische Einrichtung überhaupt aufzulösen und den kleinen Rest der ihm verbliebenen Waffen zu zerstören, wenn die anliegenden Nationen ebenso restlos das gleiche tun würden.« Wieder erwähnt er lobend den MacDonald-Plan.

Zwei Dinge weiß Hitler: Erstens sind seine Erklärungen völlig risikolos. Frankreich wird nie einem Plan zustimmen, der von ihm fordert, seine Truppen auf die gleiche Stärke wie die Streitkräfte Deutschlands zu begrenzen. Und zweitens: Seine Worte treffen genau den Geschmack der öffentlichen Meinung in England.

Im Oktober legt der britische Außenminister Sir John Simon der Konferenz auf Drängen Frankreichs einen modifizierten Plan vor, der die Interessen Frankreichs berücksichtigt. Für Hitler ist dies das Signal, auf das er gewartet hat: Mit der »Empörung des Gerechten« ruft er die deutsche Delegation aus Genf zurück. Gleichzeitig verkündet er demonstrativ den Austritt

Deutschlands aus dem Völkerbund. Seine Begründung: Die Gleichberechtigung Deutschlands in Genf ist offensichtlich nicht mehr gewährleistet.

Mit dem Aufbegehren des »Erniedrigten und Beleidigten« ist Hitler seinem Ziel, der Verständigung mit England, ein großes Stück näher gekommen: Den Schwarzen Peter hat er Frankreich zugeschoben, in England hat er Verständnis geweckt. Gleichzeitig läßt er sich vom deutschen Volk in einer »Volksabstimmung« die Übereinstimmung mit seiner »Friedenspolitik« bekunden. 95,1 Prozent der Bevölkerung stimmen für Hitler und die NS-Einheitsliste für den neuen Reichstag, der damit endgültig vom Parlament zum Akklamationsorgan geworden ist. Aus Berlin schreibt der britische Botschafter Sir Eric Phipps nach London: »Herrn Hitlers Stellung ist unangreifbar.«

Am 18. Dezember 1933 teilt die Reichsregierung der Genfer Abrüstungskonferenz in einem Memorandum offiziell mit: »Im gegenwärtigen Zeitpunkt kann mit einer ernsthaften Durchführung der allgemeinen Abrüstung nicht mehr gerechnet werden.« Deutschland würde seine Heeresstärke nunmehr auf 300 000 Mann festsetzen.

Damit hat Deutschland zum ersten Mal eine wichtige Klausel des Versailler Vertrages offiziell einseitig aufgekündigt, nachdem vorher planmäßig eine moralische Rechtfertigung zu diesem entscheidenden Schritt geschaffen wurde.

In Genf herrscht Bestürzung, in Paris Empörung, in London Ratlosigkeit, als der veröffentlichte Haushaltsplan der deutschen Regierung eine Steigerung der Militärausgaben um 90 Prozent zeigt. In den Hauptstädten Europas gibt es hektische diplomatische Aktivitäten und Konsultationen.

Und da läßt Hitler – genau im richtigen Moment – eine neue außenpolitische Überraschung folgen, die seine Friedfertigkeit demonstrieren soll: Am 26. Januar 1934 schließt Deutschland mit Polen einen auf zehn Jahre befristeten Nichtangriffspakt! Und der Vorschlag dafür kommt von Hitler und nicht von Marschall Pilsudski. In England herrscht Freude und Erleichterung. Über ein Jahrzehnt hatte sich England geplagt, den gefährlichen Konfliktstoff zu beseitigen, der in der deutsch-polnischen Grenzziehung von 1920 lag. Und jetzt hat Hitler das Problem selber gelöst. Er hat sogar den Danziger Nationalsozialisten befohlen, jede Agitation gegen Polen einzustellen.

Der britische Außenminister Sir John Simon läßt Hitler »herzliche Glückwünsche« übermitteln. Selbst der Deutschland gegenüber notorisch mißtrauische Lord Vansittart gratuliert Hitler. Dem Lob folgt der Lohn: In einer neuen Abrüstungsdenkschrift erklären sich die Briten mit 300 000 Mann Truppenstärke der Reichswehr einverstanden. Sogar Panzer und schwere Waffen will man Deutschland zugestehen.

In England ist Hitler salonfähig geworden. Durch Botschafter Phipps läßt man Hitler vertraulich wissen, daß er zu einem Besuch in London willkommen sei. Und Ex-Luftfahrtsminister Lord Londonderry sagt: »Wir sollten die von Herrn Hitler der Welt gemachten Vorschläge nicht im Geiste der Kleinlichkeit aufnehmen. Es ist unrecht, wenn Engländer sich weigern, an die Aufrichtigkeit Deutschlands zu glauben.«

Es ist nicht zu bestreiten, daß Hitler damals in führenden englischen Kreisen nicht nur Respekt, sondern auch Sympathie genoß. Gerade für die Konservativen war ein starkes Deutschland aus Nützlichkeitserwägungen heraus sehr attraktiv. Es könnte vor allem der Ausweitung des Kommunismus in Europa Einhalt gebieten. Frankreich hatte sich für England nicht nur durch seine Regierungskrisen und seinen Linkstrend, sondern auch durch seine rußlandfreundliche Politik verdächtig gemacht. In Rußland aber sahen britische Politiker die größte Gefahr für Europa. Lord Lothian, Sekretär der Rhodes-Stiftung und später britischer Botschafter in den USA, sagte 1934, er betrachte die deutsch-englische Freundschaft als ein notwendiges Gegengewicht zur französisch-russischen Vorherrschaft.

Anfang 1934 galt der neue deutsche Reichskanzler bei den europäischen Nachbarn als ein geschickter und erfolgreicher

Noch hatte das Reich sich nicht aus der Weltorganisation gelöst: Zur Völkerbundstagung in Genf 1933 marschierte Joseph Goebbels hinter Reichsaußenminister Neurath in den Sitzungssaal

Politiker, den man durchaus ernstzunehmen habe. Aber noch war Hitler in seiner Handlungsfreiheit begrenzt. Er war durch das Ermächtigungsgesetz »Diktator mit begrenzten Vollmachten« geworden. Noch gab es als Staatsoberhaupt den Feldmarschall Paul von Hindenburg, der wesentlich mehr Rechte und Befugnisse hatte als ein heutiger Bundespräsident. Über die Reichswehr hatte Hitler keinerlei Befehlsgewalt. Oberbefehlshaber war der Kriegsminister, der Hitler zwar freundlich gesinnt war, aber sich nicht in Personaldinge hineinreden ließ. Das Außenamt war fest in der Hand der Konservativen unter von Neurath. Um seine Ziele zu erreichen, mußte Hitler sich mit den Konservativen arrangieren. Theoretisch hatte der Reichspräsident noch immer die Macht, den Reichskanzler zu entlassen. Und hinter ihm standen nicht nur die konservativen Kräfte um Papen und Neurath, sondern auch die Reichswehr, die eine Rebellion Hitlers mit einer Militärdiktatur beantwortet hätten.

Mord verhindert die »zweite Revolution«

Und: Hitler ist gefährdet durch starke Kräfte seiner eigenen Bewegung, gefährdet durch die »Linken« der Nazipartei. Noch gibt es vor allem einen Mann, der Hitler gefährlich werden kann: Ernst Röhm, Stabschef der SA, jener Bürgerkriegsarmee von 400 000 Mann, ausgerüstet mit Waffen, motorisierten Einheiten und Flugzeugen. In der Wirtschaftskrise nach 1929 ist die SA gewachsen. Ihre Mitglieder: Arbeitslose, Arbeiter, darunter auch ehemalige Kommunisten, harte Burschen, die das sozialrevolutionäre Element der NS-Bewegung verkörpern und Hitlers Diplomatie des Arrangements mit der Industrie und der Reichswehr, dem »Hort der Reaktion«, nie verstanden haben. Hitler mißtraut der SA. Schon 1931 hat die SA gegen ihn rebelliert. Er hat die Revolte zwar unterdrückt, aber das Mißtrauen ist geblieben. Die SA will mehr, als Hitler ihr mit seiner »legalen« Machtübernahme gegeben hat. Die SA will die »Zweite Revolution« unter sozialrevolutionären Vorzeichen. Die SA-Männer träumen von der »Nacht der langen Messer«. Die Marxisten haben sie ausgeschaltet. Jetzt wollen sie die »Reaktion« entmachten.

Röhm spricht ganz offen über seine Pläne: Er will die Reichswehr in die SA integrieren, selber Reichswehrminister werden. Blomberg protestiert bei Hitler heftig gegen Röhms Pläne. Und Hitler weiß: Ohne die Reichswehr ist er die längste Zeit Reichskanzler gewesen. Er muß die Reichswehr gewinnen. Am 11. April lädt er Blomberg, General von Fritsch, den neuen Chef der Heeresleitung und Admiral Raeder, den Chef der Marineleitung, zu einem Geheimgespräch an Bord des Panzerschiffes »Deutschland« ein. Er eröffnet den hohen Militärs seinen Plan: Er will Nachfolger Hindenburgs werden. Er verspricht die allgemeine Wehrpflicht. Er verspricht Wiederaufrüstung und – er opfert die SA. Er verspricht, Röhms Ambitionen zu stoppen, die SA zu entwaffnen und die Reichswehr als einzige Waffenträgerin der Nation anzuerkennen. Die Reichswehr nimmt den Pakt an.

Am 23. Mai ordnet Röhm für die SA die allgemeine Waffenbeschaffung an, um »der Wehrmacht gegenüber die Belange der SA erfolgreich zu vertreten«. Aus Agentenberichten erfährt Hitler, daß die Berliner SA Waffen für eine Operation Ende Juni hortet. Röhm soll bereits ein Schattenkabinett für die Zeit nach dem Sturz Hitlers nominiert haben. Er hat Kontakte mit ausländischen Diplomaten aufgenommen. Ein Diplomat ermuntert ihn: »Sie könnten der Bonaparte Deutschlands werden.«

Am 30. Juni 1934 schlägt Hitler zu. Röhm und die gesamte Führungsspitze der SA werden festgenommen und erschossen. Hitler kann sich in der Niederschlagung des noch gar nicht begonnenen »Röhmputsches« ganz auf Himmlers SS und Görings preußische Polizei verlassen. Die Reichswehr steht Gewehr

Zum Bild auf den beiden folgenden Seiten: Zur Gedenkfeier des Putsches von 1923 haben sich die »Alten Kämpfer« unter der Münchner Feldherrnhalle versammelt. Vorn rechts SA-Stabschef Ernst Röhm, Hitlers Duzfreund, der nach der »Machtergreifung« von Volksbewaffnung und »zweiter Revolution« träumte, und drei Stufen hinter ihm, mit schwarzer Uniform und Zwicker auf der Nase, Heinrich Himmler, dessen SS von der späteren Ermordung des SA-Führers profitieren sollte

bei Fuß. Die letzte innenpolitische Gefahr für Hitler – die SA – ist zerbrochen. Zwar wird es auch in Zukunft eine Formation der Partei geben, die SA heißt. Aber ihre Mitglieder werden uniformierte, aber unbewaffnete Komparserie sein für Aufmärsche, Fackelzüge, Reichsparteitage.

Einen Monat später zahlt sich das Bündnis mit der Reichswehr aus. Drei Stunden nach dem Tode des Reichspräsidenten von Hindenburg am 2. August 1934 wird ein bereits am Vortage erlassenes Gesetz bekanntgegeben, das Hitler zum vollständigen Diktator Deutschlands macht: Das Amt des Reichspräsidenten wird mit dem des Reichskanzlers vereinigt. Die Befugnisse des Reichspräsidenten, damit auch die des Oberbefehlshabers der Wehrmacht, gehen auf den »Führer und Reichskanzler« Adolf Hitler über. Der Titel »Reichspräsident« wird abgeschafft. Alle Offiziere und Soldaten legen einen neuen Treueid ab: Nicht auf die Verfassung, wie bisher, sondern auf die Person Adolf Hitlers. Hitlers Diktatur ist perfekt. Er muß nicht mehr taktieren, er besitzt die vollständige Macht.

Am 9. März will der britische Außenminister Sir John Simon Hitler in Berlin seine Aufwartung machen. Der Termin ist mit dem Reichsaußenministerium abgestimmt. Sir John will sich mit Hitler über Fragen der Rüstung unterhalten und ihn bewegen, in den Völkerbund zurückzukehren. Doch kurz vorher läßt der deutsche Diktator sich entschuldigen. Er leide an einer Erkältung und müsse für mindestens eine Woche zur Kur nach Oberbayern. In England hält man die »Ausladung« des Außenministers für eine verschnupfte Reaktion auf das kurz zuvor veröffentlichte britische Weißbuch über die deutsche Aufrüstung. Doch Hitler hat einen ganz anderen Grund, Sir John gerade jetzt nicht zu begegnen. Er will am 16. März vor dem Reichstag eine neue außenpolitische »Bombe« zünden: Die Wiedereinführung der allgemeinen Wehrpflicht und die einseitige völlige Aufkündigung sämtlicher Rüstungsbeschränkungen des Versailler Vertrages.

Mit diesem eindeutigen Bruch eines immer noch gültigen internationalen Vertrages setzt Hitler auf ein Erfolgsrezept, das er im engen Mitarbeiterkreis oft verkündet hat: »Man muß mit Vertragsverletzungen beginnen, an denen gemessen ein scharfes Einschreiten der anderen übertrieben wirken würde. Das ist eine Gewöhnungskur.«

Die Salamitaktik bringt den gewünschten Erfolg. Aus Paris kommt eine scharfe Protestnote, aus London eine lahme. Sie endet mit der höflichen Anfrage, ob Sir Johns Besuch dem Herrn Reichskanzler noch genehm sei.

Hitler weiß: England hat nicht die Absicht, den deutschen Vertragsbruch allzu tragisch zu nehmen. Am 25. März kommen Außenminister Sir John Simon und Schatzkanzler Anthony Eden nach Berlin.

Hitler hat einen Köder vorbereitet, der speziell auf die Geschmacksrichtung einer Seemacht wie England abgestimmt ist. Er schlägt ein Abkommen vor, in dem Deutschland sich verpflichtet, seine Flotte im Stärkeverhältnis von nur 35 Prozent der Seestreitkräfte Englands zu halten. Englands unbedingte Überlegenheit zur See solle »grundsätzlich und für immer« anerkannt werden. Sir John stimmt der Aufnahme von Vorverhandlungen zu.

Und noch einen weiteren Erfolg kann Hitler in den Gesprächen für sich buchen. Er spricht die Briten auf die Österreichfrage an. Nach dem gescheiterten Naziputsch in Österreich im Juli 1934 – von dem Hitler sich rasch distanziert hatte – und der Ermordung des Bundeskanzlers Engelbert Dollfuß war Frankreich eng mit Italien zusammengerückt, um künftige deutsche Einmischungen in Österreich zu verhindern. Wie England dazu stehe, will Hitler wissen. Die Antwort Sir Johns befriedigt ihn sehr: »Großbritannien hat an Österreich nicht dasselbe Interesse wie an Belgien. Wir beschränken uns auf die Hoffnung, daß dieses Problem gelöst werden möge.«

Nach diesem Besuch hat die Konferenz von Stresa am 14. April für Hitler nichts Beunruhigendes mehr. Hier, in diesem stillen Kurort am Lago Maggiore, im Borromäischen Schloß auf der Isola Bella treffen sich an jenem Tag die Regierungen Englands, Frankreichs und Italiens, um über Schritte gegenüber dem vertragsbrüchigen Deutschland zu verhandeln. Das gemeinsame Kommuniqué ist pflaumenweich. In vagen Worten heißt es, die drei Mächte würden sich in Zukunft jedem Schritt widersetzen, durch den der Friede in Europa gefährdet werden könne. Frankreich fordert zwar direkte Sanktionen gegen Deutschland, doch England lehnt ab. Allerdings geben die drei Mächte eindeutig zu verstehen, eine Verletzung des Status der entmilitarisierten Zone längs des Rheins durch Deutschland würde die Intervention Großbritanniens, Frankreichs und Italiens auslösen. Und der Generaloberst von Fritsch, der Chef der Heeresleitung, teilt der Generalität mit, eine Veränderung des Status des Rheinlandes könne der Tropfen sein, der »zur Zeit mit Sicherheit das Faß zum Überlaufen bringt.«

Am 4. Juni 1935 beginnen in London die Verhandlungen über ein deutsch-britisches Flottenabkommen. Zum deutschen Unterhändler bestimmt Hitler weder seinen Außenminister noch seinen Botschafter in London, sondern einen Mann seiner eigenen Umgebung, der in der offiziellen Diplomatie bisher noch keine Rolle gespielt hat: Joachim von Ribbentrop.

Seit 1933 hat der ehemalige Weinreisende, der durch seine Heirat mit einer Henkell-Erbin zu Wohlhabenheit gelangt ist, im Auftrag von Hitler eine Konkurrenz zum Außenministerium aufgebaut: Das »Büro Ribbentrop«, das der Dienststelle des »Stellvertreters des Führers« angegliedert ist. Es ist nicht der einzige Apparat, mit dem Hitler Außenpolitik außerhalb des Außenamtes treibt. Da gibt es Alfred Rosenbergs »Außenpolitisches Amt der NSDAP«, das mit Ribbentrop konkurriert, da gibt es die Auslandsorganisation der NSDAP unter Gauleiter Bohle, da gibt es viele andere Ämter und Gruppen, die in Außenpolitik dilettieren und sich in Plänen und Aktionen oft gegenseitig widersprechen. Ribbentrops Apparat aber ist der einzig ernstzunehmende, da Hitler ihm am meisten vertraut. Und – Ribbentrop gilt als Englandkenner. Er rühmt sich der persönlichen Bekanntschaft mit einflußreichen Engländern. (Göring meinte dazu einmal sarkastisch: »Die Schwierigkeit liegt darin, ob diese Engländer auch Ribbentrop kennen.«) Hitler jedenfalls meint, Ribbentrop sei »der einzige, der meine Englandpolitik überhaupt kapiert hat«.

In den Akten der deutschen Seekriegsleitung, die heute in London liegen, gibt es ein Papier, das Ribbentrop vor seinen Verhandlungen gründlich studiert hat. Es stammt aus der

Durch den Nichtangriffspakt mit Polen, der im Januar 1934 abgeschlossen wurde, hielt sich Hitler im Osten den Rücken frei. Beim Empfang in Warschau posieren Marschall Pilsudski und Joseph Goebbels für die Fotografen

Feder des japanischen Kapitäns zur See Arata Oka, früher Marineattaché in London, und enthält Erfahrungstips für die Verhandlungstechnik mit britischen Gesprächspartnern. Ein Kernsatz: »Ich kann Ihnen für Ihre Konferenz nur vorschlagen, daß Sie mit einem festen, klaren und einfachen Programm nach London kommen und auf diesem Programm stehenbleiben, ob es zu einer Einigung kommt oder nicht. Wenn die Engländer erst merken, daß Sie fest sind, dann geben sie nach ...«

Ribbentrop hält sich an dieses Rezept, und Hitler erringt seinen ersten großen außenpolitischen Sieg. Am 18. Juni 1935 wird das Flottenabkommen unterzeichnet. Hitler sagt, dies sei sein »glücklichster Tag«. Er kann seinen einseitigen Vertragsbruch vom 16. März durch ein völkerrechtliches Papier ersetzen, das aus den Rüstungsbeschränkungen von Versailles Makulatur macht. Paris protestiert heftig gegen das Flottenabkommen. Doch die französische Regierung muß sich jetzt obendrein auch noch von den Engländern belehren lassen, sie habe »den Autobus verpaßt«. Anthony Eden sagt im Unterhaus: »Die Franzosen hätten sich mit Deutschland sehr gut über ein 300 000-Mann-Heer einigen können. Jetzt müssen sie sich damit zufriedengeben, daß Deutschland 550 000 Mann aufstellen wird.« Und nicht ohne Eitelkeit fügt er hinzu: »Wenigstens wissen jetzt alle Seemächte, wieviele Schiffe Deutschland bauen wird und können sich danach richten.«

Hitler hat einen großen außenpolitischen Erfolg errungen. In seiner Euphorie versucht er, seinem Traum, einem Bündnis mit England, noch einen weiteren Schritt näher zu kommen. Er beauftragt seinen Sonderbotschafter Ribbentrop, unter Umgehung des Außenamtes dem neuen britischen Außenminister Sir Samuel Hoare direkte Bündnisverhandlungen anzubieten. Kern des Angebots: Deutschland würde im Falle eines Angriffs auf die Integrität des Britischen Empires der britischen Regierung sofort und bedingungslos jede gewünschte Menge an Truppen, Schiffen und Flugzeugen zur Verfügung stellen und für England in jedem Teil der Welt kämpfen. Als einzige Gegenleistung für diese Zusage fordere Deutschland Englands »wohlwollende Neutralität« im Falle eines Konflikts zwischen Deutschland und »seinen östlichen Nachbarn«.

In diesem Bündnisangebot liegt wie in einer Nußschale Hitlers ganze außenpolitische Zielsetzung der ersten Jahre vor dem Krieg: Frankreich durch ein Bündnis mit England zu isolieren. Durch Englands Neutralität freie Hand nach Osten zu gewin-

Noch macht er im Ausland einen bescheidenen Eindruck: Hitler bei seinem ersten Besuch in Italien 1934. Rechts neben Mussolini der deutsche Botschafter v. Hassell und der italienische Marschall Balbo

nen. (Er weiß genau, ohne England würde Frankreich nicht kämpfen.) An Frankreich keine Territorialansprüche zu stellen, um Frankreich damit uninteressiert an Deutschlands Ostkonflikten zu machen. Mit Hilfe Englands die Hegemonie in Europa zu erringen.

Im Hochgefühl seines ersten diplomatischen Erfolges trägt der ebenso arrogante wie beschränkte Ribbentrop dem britischen Außenminister das Bündnisangebot so plump und direkt vor, daß Sir Samuel schockiert ist. Seine Reaktion ist mehr als frostig: »Wenn Deutschland mit seinen einseitigen Aktionen in der Außenpolitik fortfährt, dann ist ein europäischer Krieg sicher. Ich habe keinen Zweifel daran, daß England dann gegen Deutschland stehen wird. Auf Ihren Erfolg in der Flottenfrage brauchen Sie sich nichts einzubilden. Sie haben lediglich das Glück gehabt, daß unsere Admiralität das Abkommen wollte. Im übrigen kann es kein Bündnis zwischen einer Demokratie und einer totalitären Diktatur geben. Hüten Sie sich, an einen solchen Unsinn zu glauben.«

Für Ribbentrop eine eiskalte Dusche. Für Hitler ein Zeichen, daß man mit den Engländern anders taktieren muß. Er veranlaßt den »Reichskolonialbund« wieder zu verstärkter Aktivität. In einer Unterhaltung in Berlin mit Lord Londonderry meldet er den Anspruch Deutschlands auf zwei ehemalige deutsche Kolonien in Afrika an. Mit der Forderung nach Kolonien glaubt er ein Erpressungsmittel zu besitzen, das England seinen Ouvertüren gegenüber aufgeschlossener machen soll.

Und dennoch: Mit dem Flottenabkommen hat Hitler die Front der Stresa-Mächte aufgebrochen. Sein nächstes Ziel ist die Besetzung der entmilitarisierten Zone im Rheinland. Dazu aber muß er Frankreich noch weiter isolieren. Ein anderer europäischer Diktator war in Stresa dabei und hatte in scharfen Worten gegen Deutschlands Wiederaufrüstung und seinen Bruch des Versailler Vertrages protestiert: Benito Mussolini. Für Hitler gilt es jetzt, sich Italien zum Freund zu machen.

Ein Freund wird gewonnen

Für Adolf Hitler war Mussolini in den zwanziger Jahren ein bewundertes und gern kopiertes Vorbild. Sein »Marsch auf Rom« und die Regierungsübernahme 1922 hatten ihn so fasziniert, daß er im November 1923 versuchte, von München aus nach Berlin zu marschieren. Sein Marsch auf Berlin aber war schon an der Einmündung der Münchner Residenzstraße in den Odeonsplatz, bei der Feldherrnhalle, zusammengebrochen. Mussolini blieb Vorbild. Hitler ließ bei den Nazis den »römischen Gruß« mit ausgestrecktem rechtem Arm einführen, er

Hitlers erster außenpolitischer Erfolg, die Heimkehr der Saar ins Reich 1935, fiel ihm in den Schoß: Der Termin für die Volksabstimmung (Bild: NS-Plakat) war im Versailler Vertrag festgelegt worden, und daß diese für Deutschland ausgehen würde, war nach der systematischen Ausplünderung des Saargebietes durch die Franzosen nicht zweifelhaft

Zu Deutschland

lobte den Faschismus als Bruder des Nationalsozialismus. Doch er fand bei Mussolini keine Gegenliebe. Alle Annäherungsversuche blieben ohne Ergebnis. Mussolini lehnte sogar frostig Hitlers Bitte nach einem Bild mit Widmung ab.

Den Machtantritt Hitlers sah der Duce zunächst ohne Unbehagen. Ein Hitler, der an der Kette von Versailles zerrte, konnte für England und Frankreich den Wert der italienischen Freundschaft steigern. Dies aber würde seinen eigenen Revisionsplänen Hilfestellung leisten. Zwar hatte Italien nach dem ersten Weltkrieg zu den Siegermächten gehört, aber für Italien bedeuteten die Friedensschlüsse von St. Germain und Trianon, daß seine Hoffnungen nicht restlos erfüllt worden waren. Man sprach von der »pace mutilata«, vom verstümmelten Frieden. Die Adria war nicht zum »italienischen Meer« geworden. Nicht Italien, sondern der neue Vielvölkerstaat Jugoslawien hatte am östlichen Ufer die Erbschaft des Habsburgerreiches angetreten. Italiens ersehntes Sprungbrett nach Südosteuropa beschränkte sich auf ein paar unbedeutende Enklaven. Auch die auf Afrika und Kleinasien gerichteten Hoffnungen hatten sich nicht erfüllt.

Doch zwischen 1933 und 1935 war Mussolini alles andere als ein Freund Hitlers. Zwischen beiden Ländern gab es ein ganz besonderes Problem, das ein Zusammenrücken unmöglich machte. Das Problem hieß Österreich.

Hitlers Versuche, gleich nach der Festsetzung seiner Macht in Deutschland das benachbarte Österreich für den Nationalsozialismus »innerlich« zu erobern, seine verhüllt bis unverhüllt vorgetragenen »Anschluß«-Gedanken bedeuteten für Mussolini eine unmittelbare Bedrohung der Ambitionen Italiens im Donauraum.

Als die vom Reich her gelenkte Nazipropaganda zu einem offenen Bruch zwischen Wien und Berlin führte, trat Mussolini massiv als Schutzpatron eines unabhängigen Österreich auf. Im August 1933 forderte er Hitler auf, *schriftlich* auf eine Einverleibung Österreichs zu verzichten. Mussolini trat für die »Vaterländische Front« des Bundeskanzlers Dollfuß ein und versuchte alles, um Österreich enger an Italien zu binden. Aus Rom flossen Gelder in die Kassen der österreichischen »Heimwehr«, eines Kampfverbandes, der gleichzeitig gegen Sozialisten wie Nazis gerichtet war und auf einen austro-faschistischen Staat christlicher Prägung hinarbeitete. Nach der Zerschlagung eines sozialistischen Arbeiteraufstandes in Wien im Februar 1934 wurde die »Vaterländische Partei« in den Rang einer Staatspartei nach faschistischem Vorbild erhoben. Alle anderen Parteien, einschließlich der Nationalsozialisten, wurden verboten. Die römischen Protokolle, am 17. März 1934 von Mussolini, Dollfuß und dem österreichischen Ministerpräsidenten Jàkfa von Gömbös unterzeichnet, waren eine deutliche Warnung an Hitler. Und im Juni, beim Zusammentreffen der beiden Diktatoren in Venedig, warnte Mussolini seinen deutschen Bewunderer sehr nachdrücklich: Jeder Versuch Deutschlands, die Unabhängigkeit Österreichs anzutasten, würde Krieg mit Italien bedeuten.

Überhaupt stand die erste Begegnung mit Mussolini für Hitler unter einem bösen Stern. Während Hitler sich Mussolini mit lakaienhafter Unterwürfigkeit näherte, behandelte der Italiener seinen Kollegen aus dem Norden wie eine politische Null. Er hatte den Gast aus Deutschland in einem stickigen Palazzo unterbringen lassen, dessen Fenster sich nicht öffnen ließen und in dem Myriaden von Mücken umherschwirrten. Im Schlafzimmer fand Hitler keinen Lichtschalter. Er mußte auf einen Stuhl steigen, um die heißen Birnen aus dem Kronleuchter herauszudrehen. Auch optisch machte er in bescheidenem Zivil neben dem uniformierten Cäsaren-Imitator für die Fotografen eine schlechte Figur. Und vor der Abreise wurde er von Mussolini auch wegen Österreich noch drohend geschulmeistert.

Dabei liefen die Vorbereitungen für einen Naziputsch in Österreich schon auf vollen Touren. Im »Braunen Haus«, der Münchner Parteizentrale der NSDAP, wurden Terror- und Sabotageakte geplant. Der Countdown für den Putsch Ende Juli 1934 in Wien hatte begonnen.

Der britische Historiker David Irving hat erst vor kurzem Zugang zu den privaten Aufzeichnungen des damaligen Befehlshabers im Wehrkreis VII in Bayern, General Adam, erhalten. Aus diesen Aufzeichnungen geht einwandfrei her-

vor, daß Hitler direkt in den Putsch involviert war. Er war auch genau über das Datum informiert. Er forderte General Adam in einer geheimen Unterredung auf, die »Österreichische Legion« aus geflüchteten Nationalsozialisten, die in Bayern an der österreichischen Grenze standen, mit Waffen zu versorgen.

Am 25. Juli schlugen die Nazis in Wien los. Doch der Putsch mißlang. Der exilierte Landesinspekteur der österreichischen NSDAP, Theodor Habicht, hatte offenbar die Zahl seiner Anhänger in Österreich und die Unterstützung seitens der österreichischen Armee unterschätzt. Sehr wichtig: die illegale österreichische SA, erregt über die Ereignisse vom 30. Juli in Deutschland, machte absichtlich nicht mit. Das SS-Kommando, das das Bundeskanzleramt besetzt hielt, geriet in eine aussichtslose Lage. Unterdessen erlag Bundeskanzler Dollfuß den bei der Stürmung des Amtes erlittenen Verletzungen. Und dann brachten die Verschwörer Hitler auch noch diplomatisch in eine äußerst peinliche Lage: Sie wandten sich an die deutsche Gesandtschaft um Hilfe und zwangen Hitler zu einer Entscheidung. Hitler ließ seine Leute fallen. Er verbot der Gesandtschaft, den Beteiligten Asyl zu gewähren. Er ließ die Grenzen nach Österreich sperren und sandte der Witwe des ermordeten Dollfuß ein Beileidstelegramm. Er distanzierte sich öffentlich von dem »verbrecherischen Anschlag«. Er schickte Dr. Lammers, den Chef der Reichskanzlei zu Hindenburg, um ihn zu einem Beileidstelegramm an den österreichischen Bundespräsidenten zu veranlassen. Lammers erkannte zwar, daß der schwerkranke und hochbetagte Feldmarschall den Sinn des Telegramms nicht begriff, dennoch erhielt er die Unterschrift. Hitler enthob Theodor Habicht seines Postens, berief den kompromittierten deutschen Gesandten Rieth aus Wien ab.

Hitler ernennt, um seinen »guten Willen« zu zeigen, den konservativ-katholischen Politiker und bisherigen Vizekanzler Franz von Papen zum Sonderbotschafter in Wien. Er hat allen

Die Wiederaufrichtung eines römischen Weltreiches im Sinn, ließ Mussolini seine Truppen in Abessinien einfallen. Die deutschen Illustrierten brachten das Foto eines italienischen Soldaten, der sich vorm Abschied von seiner Mutter notiert, was er vom Kolonialabenteuer mitbringen soll

Grund zum Abwiegeln: Mussolini hat eine Division in Marsch gesetzt und an der Grenze zum Brenner konzentriert. Bei der gegenwärtigen Stärke der deutschen Truppen kann Hitler sich kein militärisches Abenteuer erlauben. Ulrich von Hassell, der deutsche Botschafter in Rom, wird zu Mussolini geschickt, um zu beschwichtigen: die zutiefst bedauerliche Aktion in Wien sei ohne Wissen und gegen die erklärte Absicht Hitlers geschehen. Der Herr Reichskanzler bedauere den Putschversuch und das Attentat auf Dollfuß auf das schärfste und werde die Schuldigen, soweit sie nach Deutschland geflohen seien, zur Rechenschaft ziehen. Mussolini bleibt mißtrauisch. Er läßt die Division einmarschbereit am Brenner. Hitler hat sein Blatt überreizt und muß eine außenpolitische Niederlage einstecken.

Die Beziehungen zwischen Deutschland und Italien kühlen immer weiter ab. Am 7. Januar 1935 unterzeichnet Mussolini mit dem neuen französischen Außenminister Pierre Laval ein Abkommen, das ihm die Zusammenarbeit Frankreichs in der österreichischen Frage sichern soll. Mit seinem Werben um Frankreich will Mussolini sich den Rücken freihalten für ein geplantes kriegerisches Abenteuer in Übersee: die Eroberung Abessiniens, die Errichtung eines neuen römischen Imperiums. Laval gibt dem Italiener die geheime mündliche Zusage: Frankreich wird Italien in Abessinien freie Hand lassen. Und in Stresa nimmt Mussolini eine sehr scharfe Haltung gegenüber Deutschland ein. Er hofft, daß die Stresa-Partner ihn bei seinem abessinischen Abenteuer durch Stillhalten belohnen werden.

Am 3. Oktober 1935 fallen italienische Truppen in Abessinien ein. England läßt sofort seine Flotte im Mittelmeer demonstrieren und verstärkt seine Truppen in Ägypten. Mit den Stimmen von 50 Ländern verurteilt der Völkerbund Italien als Friedensbrecher, beschließt ein Waffenembargo und wirtschaftliche Sanktionen. England droht mit einem Ölembargo. Das Dogma von der »naturgegebenen Freundschaft« zwischen Italien und England ist erschüttert. Laval protestiert, er habe Mussolini in seinen Verhandlungen niemals eine Carte blanche für den Krieg in Abessinien gegeben.

Diese Chance der Isolierung Italiens nutzt Adolf Hitler. Jetzt ist Italien auf die Unterstützung Deutschlands angewiesen. Die

Unterstützung kommt in kleinen aber willkommenen Portionen.

Zunächst tut Hitler nichts weiter, als das Vorgehen Italiens *nicht* zu verurteilen. Deutschland, das ohnehin nicht mehr Mitglied des Völkerbundes ist, kann sich das leisten.

Am 7. November 1935 verkündet er, Deutschland werde sich nicht an wirtschaftlichen Sanktionen gegen Italien beteiligen. Gleichzeitig aber verkündet er ein Ausfuhrverbot für wichtige Lebensmittel und Rohstoffe aus Deutschland. Als Mussolini anfragen läßt, ob dies nicht praktisch doch einer wirtschaftlichen Sanktion gleichkomme, läßt Hitler das Ausfuhrverbot mit wirtschaftlichen Schwierigkeiten in Deutschland begründen. Mussolini empfindet Deutschlands erklärte Neutralität zumindest als »wohlwollend«. Und er antwortet mit einer freundlichen Geste: Am 12. Dezember läßt er Hitler durch Botschafter von Hassell mitteilen, Italien sei zu einer engen Zusammenarbeit mit Deutschland auf dem Gebiet der Bekämpfung des Kommunismus bereit.

Noch reifere Früchte fallen Hitler durch seine unverbindliche Haltung im Abessinien-Konflikt in den Schoß: Am 6. Januar 1936 läßt Mussolini Botschafter von Hassell zu sich rufen. Für den Botschafter ist es ein sensationelles Gespräch. Er gibt den Inhalt sofort nach Berlin weiter. Mussolini erklärt, für ihn sei Stresa »ein für allemal tot«. Die wichtigste Nachricht Hassells aber ist diese: »Mussolini hat seinen Standpunkt in der österreichischen Frage revidiert. Er hat zwar noch Interesse an einer staatlichen Existenz Österreichs. Wenn aber Österreich als formell selbständiger Staat praktisch ein Satellit Deutschlands wird, hat er nichts dagegen einzuwenden.«

Und Hitler spielt ein raffiniertes Doppelspiel: Während er Mussolinis Freundschaft in kleinen Portionen erringt, weil er der Abessinien-Aktion verständnisvoll gegenübersteht, läßt er die Truppen von Haile Selassie mit Waffen und Munition unterstützen. Sein Außenministerium weiß nichts davon. Wie schon beim Flottenabkommen, bedient sich Hitlers Diplomatie auch hier anderer Apparate. Die Waffenhilfe für den Negus läuft über wirtschaftliche Kanäle der Auslandsorganisation der NSDAP und über Mitglieder von Rosenbergs Außenpolitischem Amt der NSDAP. Das Ziel von Hitlers Doppelspiel: Italien soll seine Kräfte solange wie möglich in Abessinien absorbieren und vom Südosten Europas abgelenkt werden, bis die Zeit reif ist, die Österreichfrage zu lösen.

Die unmittelbar noch wichtigere Frucht seiner Abessinienhaltung kann Hitler am 22. Februar 1936 pflücken: Mussolini gibt Botschafter von Hassell das Versprechen der italienischen Neutralität, falls Deutschland auf den kürzlich abgeschlossenen französisch-sowjetischen Pakt mit der Aufkündigung der Verträge von Locarno reagieren sollte. Teil der Locarno-Verträge ist der Fortbestand der entmilitarisierten Zone des Rheinlandes. Am 7. März 1936, als Hitler sein bisher gefährlichstes Abenteuer startet, gibt Mussolini diplomatischen Flankenschutz. Innerhalb kurzer Zeit hat Hitler erreicht, daß aus dem bisher scharfen Gegner zwar noch nicht ein Bundesgenosse, aber ein wohlwollender Mitspieler geworden ist.

Der Einmarsch in den »Vorgarten«

Hitlers außenpolitisches Nahziel gleich nach der Machtergreifung war die völlige Revision des Versailler Vertrages. Das Flottenabkommen mit England hatte die erste Bresche in die Front der Siegermächte von 1918 geschlagen. Den Widerstand der Italiener hatte Hitler durch seine wohlwollende Haltung im Abessinien-Konflikt aufgeweicht. Jetzt mußte er zu einer Regelung mit Frankreich kommen, das immer noch starr an den Vorschriften von Versailles festhielt.

Anfang 1933 gab es kaum ein Land in Europa, das Hitlers Machtantritt mit größerem Argwohn betrachtete als Frankreich. In seinem Buch »Mein Kampf« hatte Hitler die »Vernichtung der französischen Hegemoniebestrebungen in Europa« gefordert und eine »endgültige Auseinandersetzung mit Frankreich« vorausgesagt. Diese Thesen drohten nun seine außenpolitische Hypothek zu belasten. Das ganze Jahr 1933 über versuchte er, französischen Besuchern, Politikern und Journalisten, klarzumachen, daß es nach der Regelung der Saarfrage zwischen Deutschland und Frankreich keine Probleme mehr

Die Verhandlungen mit England über das Flottenabkommen 1935 geschahen hinter dem Rücken der offiziellen Diplomatie des Reiches. Hitler ließ sie von seinem »Sonderbeauftragten für Abrüstungsfragen«, Joachim von Ribbentrop, erledigen (im Bild links bei seinem Besuch in London)

geben würde. Der deutsche Diktator überbot sich in der Beteuerung seines Friedenswillens. Zum französischen Botschafter André François-Poncet sagte er, begleitet von leidenschaftlichen Gesten: »Wenn ich überhaupt einen Ehrgeiz habe, dann ist es der, daß man mir einstmals ein Denkmal setzen möge, als dem Mann, der die deutsch-französische Aussöhnung zustande gebracht hat.« Doch François-Poncet blieb skeptisch. Nach Paris kabelte er: »Ich glaube, daß Deutschland eine Politik der Versöhnung nur solange betreiben wird, bis die Reichswehr sich in der Lage sieht, einen Krieg erfolgreich führen zu können.«

Innenpolitisch gehörte Frankreich 1933 zu den schwächsten Nationen Europas. Das ganze Jahr hindurch wurde das Land von politischen und finanziellen Krisen geschüttelt. Eine Regierung löste die andere in schneller Folge ab. Der Wert des Franc verfiel rapide. Infolge eines Korruptionsskandals stand Frankreich Anfang 1934 am Rande einer Revolution. Rechtsradikale paramilitärische Organisationen drohten die Nationalversammlung zu stürzen. Gegendemonstrationen der Kommunisten führten zu blutigen Straßenkämpfen. Der Generalstreik wurde von den Gewerkschaften ausgerufen. Das Kabinett Daladier, erst seit ein paar Tagen im Amt, trat zurück. Ein von innenpolitischen Krisen so stark erschüttertes Frankreich konnte keine wirksame Außenpolitik führen.

Aber dann wendete sich das Blatt. Gaston Doumergue, Daladiers Nachfolger, bildete eine Regierung der »Nationalen Einheit«. Zu seinem Außenminister berief er einen leidenschaftlichen Hitlergegner: Louis Barthou, 72, Mitglied der Académie Française, berühmter Schriftsteller und Politiker. Barthou gehörte zu den Architekten des Versailler Vertrages.

Mit einer für sein Alter ungewöhnlichen Energie nahm Barthou eine entschlossene Abwehrpolitik gegenüber Hitler auf. Er, der gebildete Historiker, der fließend Deutsch sprach, durchschaute Hitlers Zielsetzungen besser als jeder andere Politiker in Europa. In einem Zeitungsinterview sagte Barthou einmal: »Ich bin der einzige französische Minister, der Hitlers ›Mein Kampf‹ in der Originalfassung gelesen hat. Glauben Sie mir, Hitler hat auch heute auf kein Komma verzichtet.«

Das britische Entgegenkommen in der Flottenfrage gab Hitler (im Bild mit Lordsiegelbewahrer Eden und Außenminister Simon) die trügerische Sicherheit, in England einen Verbündeten auf Dauer zu haben, der bei allen außenpolitischen Abenteuern des Reiches stillhalten würde

Als erstes versucht Barthou, die gelockerten Fäden des französischen Bündnissystems wieder fester zu knüpfen. Er reist zu Verhandlungen nach London, Brüssel, Warschau, Prag, Bukarest und Belgrad. Er trifft sich mit dem sowjetischen Außenminister Litwinow. Seine Reisen und Aktivitäten sollen in Berlin vor allem optisch Eindruck machen.

Die Aktivitäten des neuen französischen Außenministers beunruhigen Hitler. Die Unruhe wächst, als Frankreich und Italien nach der Dollfuß-Affäre enger zusammenrücken.

Doch Barthous Versuche, ein neues System der kollektiven Sicherheit aufzubauen, scheitern. Wie Berlin, so verweigert auch Warschau seinen Beitritt zu einem von Barthou vorgeschlagenen »Ost-Locarno«. Hitlers Nichtangriffspakt mit Polen

Gesetz für den Aufbau der Wehrmacht vom 16. März 1935

Die Reichsregierung hat folgendes Gesetz beschlossen, das hiermit verkündet wird:

§ 1.

Der Dienst in der Wehrmacht erfolgt auf der Grundlage der allgemeinen Wehrpflicht.

§ 2.

Das deutsche Friedensheer einschließlich der überführten Truppenpolizeien gliedert sich in 12 Korpskommandos und 36 Divisionen.

§ 3.

Die ergänzenden Gesetze über die Regelung der allgemeinen Wehrpflicht sind durch den Reichswehrminister dem Reichsministerium vorzulegen.

Berlin, den 16. März 1935

Unterschriften des Führers und sämtlicher Mitglieder des Reichskabinetts

Mit der Wiedereinführung der allgemeinen Wehrpflicht war ein weiteres Blatt des Versailler Vertrages zerrissen. Vom Ausland kam nur matter Protest, galt doch manchen Politikern ein starkes Deutschland als Bollwerk gegen den gefürchteten Bolschewismus

hat sich ausgezahlt. Ein »Ost-Locarno« ohne Deutschland aber riecht nach »Einkreisungspolitik«. Und hier versagt auch England Barthou seine Unterstützung. Vor dem britischen Unterhaus erklärt Außenminister Sir John Simon: »England lehnt jede Einkreisungspolitik Deutschland gegenüber ab.«

Dennoch bleibt Barthou für Hitler gefährlich. Dieser hochgebildete Realist ist nicht empfänglich für die sentimentalen Friedensbeteuerungen, mit denen Hitler Franzosen wie Jean Goy, den Vorsitzenden der Vereinigung französische Frontkämpfer oder Journalisten beeindruckt. Und das Schicksal spielt Hitler wieder einmal in die Hand.

Am 9. Oktober 1934 kommt König Alexander von Jugoslawien zu einem Staatsbesuch nach Frankreich und wird im Hafen von Marseille von Außenminister Barthou abgeholt. Als der König mit dem Politiker im offenen Wagen durch die Straßen von Marseille fährt, durchbricht der Kroate Petrys Kaleman den Kordon der Mobilgarde und feuert aus nächster Nähe mehrere Schüsse auf den König und den Außenminister ab. Alexander ist sofort tot. Barthou verblutet auf dem Weg ins Spital.

Hatte Hitler seine Hand bei dem Attentat im Spiel? Es gibt eine Reihe von Indizien, um diese Frage kritisch zu bejahen. Kaleman und seine Hintermänner waren Mitglieder der kroatischen Terrororganisation Ustascha. Tatsache ist ferner, daß Ustascha-Chef Ante Pavelič mit seinem Stab in Berlin residierte und von Rosenbergs außenpolitischen Amt der NSDAP finanziert wurde. Tatsache ist auch, daß mit der offiziellen Untersuchung der Hintergründe des Attentats der französische Senator Henri Lémery, Hitler-Freund und aktives Mitglied der faschistischen Organisation der »Feuerkreuzler« beauftragt wurde und daß die Untersuchung im Sande verlief. Es ist festgestellt worden, daß es geheime Verbindungen zwischen den Feuerkreuzlern und dem französischen Agentenstab von Otto Abetz, dem Frankreich-Experten des Büros Ribbentrop gab.

Auf jeden Fall hatte Hitler durch das Attentat einen Gewinn. Pierre Laval, der Nachfolger Barthous, war von weitaus geringerem Kaliber als sein Vorgänger. Von ihm brauchte Hitler keine ernsthaften Schwierigkeiten bei der Aufrüstung zu

befürchten. In der Frage der Saarabstimmung kam Laval ihm erstaunlich weit entgegen. Nach den Zusicherungen Hitlers, die Saar sei »das letzte Problem zwischen beiden Ländern«, sagte Laval zu Hitlers Emissär Ribbentrop, er sei »an dem Ausgang der Abstimmung nicht interessiert«. Lediglich das römische Abkommen zwischen Laval und Mussolini betrachtete Hitler mit einigem Mißtrauen, ebenso wie Lavals Abschluß eines sowjetisch-französischen Paktes, den der Franzose in einem Gespräch mit Hermann Göring aber sogleich zu relativieren suchte, indem er dem Vertrauten Hitlers unter vier Augen mitteilte, dieser »Walzertanz« mit Moskau sei eigentlich »praktisch ohne Bedeutung«.

Dennoch wußte Hitler sehr genau, daß er keinen seiner militärischen Pläne im Osten verwirklichen konnte, solange er an den Vertrag von Locarno gebunden war, der Deutschland zur Entmilitarisierung des Rheinlandes verpflichtete. Solange aber Deutschland im Rheinland weder Truppen stationieren noch Befestigungen bauen konnte, hatte Frankreich stets die Möglichkeit, deutsches Territorium zu besetzen, sobald Hitler etwa gegen Österreich oder die ČSR offensiv werden sollte.

Noch hielt auch Italien seine Hand über Österreich, noch bestand eine italienisch-französische Interessengemeinschaft.

Zudem erkannte Hitler mit großem Ärger, daß er sich am 21. Mai 1935 im Reichstag zu einem Fehler hatte hinreißen lassen. Um seine »Friedensliebe« nach der Wiedereinführung der allgemeinen Wehrpflicht erneut zu demonstrieren, hatte er wörtlich erklärt, er halte den Pakt von Locarno »für den einzig klaren und wirklich wertvollen gegenseitigen Sicherheitsvertrag in Europa« und werde die von Stresemann getroffenen Vereinbarungen »peinlich genau einhalten«. 19 Tage zuvor hatte er seinen Kriegsminister Blomberg gebeten, unter dem Decknamen »Schulung« geheime Pläne zur Wiederbesetzung des Rheinlandes auszuarbeiten.

Eigentlich hatte Hitler die Rheinlandbesetzung erst für das Jahr 1937 anvisiert. Aber dann geriet er in Zugzwang. Im

Deutsche Truppen marschieren am Kölner Dom vorbei. Die Rheinlandbesetzung vom 9. März 1936 war der erste von Hitlers berüchtigten Wochenend-Coups

Januar 1936 trat das Kabinett Laval zurück. Neuwahlen zur französischen Kammer wurden für Ende April ausgeschrieben. Frankreich hatte im Frühjahr 1936 nur ein »amtierendes Übergangskabinett« unter Ministerpräsident Sarraut und Außenminister Flandin.

Am 27. Februar ratifiziert die französische Kammer mit 353 gegen 164 Stimmen den sowjetisch-französischen Pakt. Außenminister Flandin verhandelt mit seinem britischen Kollegen. Er teilt dem Engländer mit, daß Frankreich dem Völkerbund seine gesamte Militärmacht zur Verfügung stellen würde, um bei einer Verletzung des Locarno-Vertrages durch Deutschland einzuschreiten. Flandin ersucht England, das gleiche zu tun. Dann versucht er Italien für ein ähnliches Abkommen zu gewinnen.

Und in dieser Situation profitierte Hitler zum erstenmal von einem brillanten Informationsapparat, den Hermann Göring ihm geschaffen hatte. Ohne Wissen der »offiziellen« Geheimdienste Abwehr und Reichssicherheitsdienst hatte Göring unter der Tarnbezeichnung »Forschungsamt der Luftfahrt« einen perfekten Telefonabhördienst eingerichtet. Agenten in den Hauptstädten Europas hatten in den dortigen Botschaften fast aller europäischen Länder die Telefone angezapft. So konnten die »Monitore« in der Abhörzentrale des Forschungsamtes Tag und Nacht diplomatische Telefonate zwischen Paris, London, Prag, Wien, Rom oder Warschau belauschen. Die Ergebnisse wurden Hitler täglich vorgelegt. Dem erstaunlichen Umfang und Erfolg dieser Operation hat jetzt zum erstenmal David Irving in seinem Buch »Hitlers Weg zum Krieg« beschrieben.

Durch Görings Forschungsamt erfuhr Hitler auch von den Bemühungen Flandins, seinen Gesprächen mit den Botschaftern und deren Berichten nach London und Rom.

Hitler wird nervös. Zwar hat er Mussolinis Zusage der italienischen Neutralität in der Tasche, aber er muß handeln, bevor Frankreich mit England zu einem Übereinkommen gelangt.

Am 1. März teilt er Blomberg seinen Entschluß mit, am 7. März, einem Samstag, mit dem Einmarsch zu beginnen. Einen Tag später gibt Blomberg eine entsprechende Anweisung heraus. Von Fritsch, der Chef der Heeresleitung, ordnet an, daß zunächst drei Infanteriebataillone den Rhein überqueren und auf Aachen, Trier und Saarbrücken vorrücken sollen. Er befiehlt aber gleichzeitig, die Truppen sollten sich im Falle eines militärischen Eingreifens der Franzosen sofort wieder über den Rhein zurückziehen.

Als Vorwand zum Einmarsch hat sich Hitler den sowjetisch-französischen Pakt zurechtgelegt. In dessen Ratifizierung durch die Französische Kammer sieht er ein »eindeutig gegen die Sicherheit Deutschlands gerichtetes Faktum«. Mit dem Rußlandpakt habe Frankreich selber den Vertrag von Locarno gebrochen. Er, Hitler, brauche sich deshalb auch nicht mehr an dieses Papier zu halten.

Es ist Samstag, der 7. April 1936. Im Morgengrauen rücken Marschkolonnen von deutschen Soldaten über die Rheinbrükken auf das linke Rheinufer. Sie werden von einer jubelnden Bevölkerung empfangen.

12 Uhr mittags. In der Berliner Krolloper treten die 600 per NS-Einheitsliste »gewählten« Abgeordneten des Reichstags zusammen. Sie sind telegrafisch nach Berlin beordert worden, um eine Erklärung der Reichsregierung entgegenzunehmen.

Nachdem »Parlaments«-Präsident Hermann Göring die Sitzung eröffnet hat, tritt Adolf Hitler ans Rednerpult. Er ist totenbleich. Auf seiner Stirn stehen Schweißperlen. Seine Hände machen fahrige Bewegungen mit dem Manuskript. Seine Lippen zucken nervös.

Dann teilt er der Versammlung mit, daß seit dem Morgengrauen deutsche Truppen ins Rheinland marschieren, um dort »ihre künftigen Friedensgarnisonen« zu beziehen. »Im Interesse des primitiven Rechts eines Volkes auf Sicherheit seiner Grenzen«, fährt Hitler fort, »und zur Wahrung seiner Verteidigungsmöglichkeiten hat daher die deutsche Reichsregierung mit dem heutigen Tage die volle uneingeschränkte Souveränität des Reiches in der entmilitarisierten Zone des Rheinlandes wiederhergestellt.«

Göring löst den Reichstag auf, um »dem deutschen Volk Gelegenheit zu geben, der mit dem heutigen Tage abgeschlossenen Politik der Wiederherstellung der nationalen Ehre und

Mainz
Hauptbahnhof
6
230

Restauration
Fremden-
Zimmer.
en
Ausschank der Brauerei zum schwarzen Bären
Telefon 43565
MAINZER AKTIEN-BI

Souveränität seine feierliche Zustimmung erteilen zu können«.

Als Hitler die Krolloper verläßt, ist sein sieghaftes Lächeln gekünstelt und gequält. Hitler hat Angst. Wenn die Franzosen die Mobilmachung anordnen, wenn sie nur ein einziges Regiment ins Rheinland schicken, müssen die deutschen Truppen sich ohne Kampfhandlung zurückziehen. Diesen Befehl hat Blomberg der Truppe über Fritsch erteilt. Und zu direkten Befehlen an das Heer ist allein Blomberg berechtigt. Als Staatsoberhaupt ist Hitler nur nomineller Oberbefehlshaber. Zudem wäre Deutschland zum gegenwärtigen Zeitpunkt gar nicht in der Lage, einen Krieg mit Frankreich mit irgendeiner Aussicht auf Erfolg zu führen.

Und Hitler weiß noch ein anderes: Ein Rückzug würde sein Ende als Führer des Deutschen Reiches bedeuten. Seinen Entschluß, den Locarno-Vertrag einseitig aufzukündigen und das Rheinland zu besetzen, hat er gegen den Rat seines Generalstabes, gegen die ausdrückliche Mißbilligung seines Außenministers gefaßt. Sogar Göring hat abgeraten. Ein Scheitern der Aktion wäre sein politischer Tod. Nicht nur vor der Weltöffentlichkeit, auch vor dem eigenen Volk würde er als Hasardeur, als Hochstapler, als politischer Abenteurer dastehen. Die Generale würden putschen und ihn seines Amtes entheben. Nach den neuesten Erkenntnissen scheint damals der beim Volk populäre Göring nicht abgeneigt gewesen zu sein, Hitlers Nachfolge anzutreten.

Mit seinem riskanten Coup hat Hitler ein neues »Friedensangebot« verbunden, das er den Botschaftern Frankreichs, Englands und Italiens überreichen läßt: einen neuen Friedensvertrag von 25 Jahren Laufzeit, eine neue entmilitarisierte Zone *beiderseits* der deutschen und französischen Grenzen, eine Beschränkung der Luftwaffen, neue bilaterale Nichtangriffspakte.

Die Franzosen sind vom Einmarsch wie gelähmt. In Paris tritt

Zweimal Mainz. Das obere Foto entstand in der Besatzungszeit: Französische Truppen werden am Hauptbahnhof ausgeladen; das untere im März 1936: Deutsche Soldaten formieren sich zum Marsch durch die Stadt

das Kabinett zusammen. In einer pathetischen Rundfunkansprache an das französische Volk ruft Ministerpräsident Sarraut: »Nie wird Frankreich verhandeln, solange Strasbourg und Colmar in Sichtweite deutscher Artilleristen liegen.«

Außenminister Flandin fordert die Generalmobilmachung. Doch seine Minister kontern: »Sechs Wochen vor den Wahlen?!« Das wäre Wahnsinn. Generalstabschef Gamelin lehnt ein direktes militärisches Eingreifen ohne Beteiligung der anderen Locarno-Mächte ab. Für die französische Armee allein sei das Risiko zu groß. Heute weiß man, daß Gamelin zu jener Zeit in einer neurologischen Klinik wegen einer schweren Hirnerkrankung behandelt wurde und geistig überhaupt nicht in der Lage war, die Situation richtig einzuschätzen. Er sagt den Politikern beruhigend, durch die Maginotlinie sei der Schutz des französischen Territoriums vollauf gesichert. Er läßt den seit 1929 auf Druck der französischen Schwerindustrie gebauten Festungswall, der in der öffentlichen Meinung zu einem »totalen Schutz« hochgejubelt worden war, lediglich durch zwei zusätzliche Divisionen verstärken.

Allein diese Truppenbewegungen lösen in Hitler an jenem Tag eine solche Hysterie aus, daß er drauf und dran ist, die Aktion abzublasen, nachdem Blomberg ihn beschwört, die Truppen zurückzuholen, bevor es zu Kampfhandlungen kommt. Die stärksten Nerven behält Außenminister von Neurath, der zuvor unablässig gewarnt hatte. Auf Hitlers ängstliches Fragen meint er in schönstem Schwäbisch: »Jetzt sin mer drin, jetzt bleibe mer drin!«

Verzweifelt telefoniert Flandin mit London. Ist England bereit, zu seinen Locarno-Verpflichtungen zu stehen? Eden beschwichtigt. Nach einer Unterredung mit Premierminister Baldwin rät er dem Franzosen, keine übereilten Schritte zu unternehmen. Dann fliegt er selbst nach Paris, um Flandin eine bittere Medizin einzuflößen: England lehne eine militärische Konfrontation ab. Die öffentliche Meinung würde kein Verständnis dafür haben. Nach Ansicht eines Großteils der britischen Bevölkerung habe Deutschland keinen Angriff auf Frankreich unternommen, sondern sei lediglich »in seinem eigenen Vorgarten spazierengegangen«. Im übrigen seien Hitlers Verhandlungsangebote einer ernsthaften Prüfung wert. England sei lediglich bereit, Frankreich im Völkerbund bei einer Verurteilung des deutschen Vorgehens zu unterstützen. Die »Times« gibt ihrem Leitartikel die Überschrift: »Eine Chance zum Neuaufbau«.

Nach 48 Stunden, die er später »die aufregendsten meines ganzen Lebens« genannt hat, weiß Hitler, daß sein riskanter außenpolitischer Coup geglückt ist: Kein französischer Soldat hat die Grenze überschritten. Frankreich hat nicht mobil gemacht. Der Locarno-Pakt ist ein wertloser Fetzen Papier.

Am 19. März 1936 wird Deutschland auf der Londoner Sitzung des Völkerbundtribunals des Vertragsbruchs für schuldig erklärt. Sanktionen werden abgelehnt. In seinem Schlußwort sagt der australische Ratspräsident Bruce mit einem Seitenhieb auf Frankreich: »Zunächst einmal müssen die hauptsächlich beteiligten Mächte über eine Lösung miteinander beraten.« Abkehr also von der multilateralen Struktur des Völkerbundes zugunsten der Diplomatie des 19. Jahrhunderts, die zum Ersten Weltkrieg geführt hatte und die der Völkerbund eigentlich überwinden wollte. Und dann macht Bruce eine gezielte Verbeugung vor Hitler: »Reichskanzler Hitler hat wiederholt seinen Willen zur Zusammenarbeit bekundet.«

Wieder einmal hat der Völkerbund seine Unfähigkeit bewiesen. Hitler hat den Status quo nach seinen eigenen Wünschen und Vorstellungen geändert. Die Welt nahm es hin. Und das deutsche Volk honorierte die Politik Hitlers bei den »Wahlen« zum neuen Reichstag mit 98,8 Prozent Ja-Stimmen.

Spanien 1936: Intervention per Deckadresse

Am 17. Juli 1936 brach in Melilla (Spanisch-Marokko) eine Militärrevolte gegen die spanische Volksfrontregierung aus, einen Zusammenschluß von Sozialisten, linksbürgerlichen Republikanern und Kommunisten, die im Februar die Wahlen gewonnen hatten. Der General Francisco Franco y Bahamonde, Kommandeur der spanischen Fremdenlegion in Marokko, stellte sich an die Spitze der Rebellion. Rasch griff der

Aufstand, unterstützt von konservativen Offizieren, adligen Grundbesitzern, Industriellen, der Großbourgeoisie, Teilen des Klerus, der faschistischen Falange-Partei und anderen Rechtsparteien, auf das spanische Festland über. Der deutsche Geschäftsträger in Madrid telegrafierte an das Auswärtige Amt in Berlin: »In ganz Spanien Militärrevolten ausgebrochen. Lokale Offiziersrevolten Garnisonen Madrid, Barcelona, Sevilla, Granada, Burgos, Pamplona, San Sebastian. Regierung hat Mannschaften von Gehorsamspflicht gegenüber Offizieren entbunden. Ließ Offiziere von Arbeitermilizen verhaften. Kriegszustand erklärt. Gewerkschaften verkünden Generalstreik . . .«

Der spanische Bürgerkrieg hatte begonnen.

Und wieder bediente sich Hitler bei seinen diplomatischen Schachzügen, mit denen er den Konflikt ausnutzte, nicht des offiziellen diplomatischen Apparates seines Auswärtigen Amtes, sondern eigener außenpolitischer Organisationen, in diesem Falle der Auslandsorganisation der NSDAP unter Gauleiter Bohle. Bohles Nazigauleiter für die Deutschen in Marokko residierte in Tetuan und hieß Adolf Langenheim. Sein Wirtschaftsexperte Johannes Bernhardt, ein ehemaliger Zuckerkaufmann, der in Hamburg Bankrott gemacht hatte, arbeitete in einer spanischen Firma, die an Garnisonen Küchenherde verkaufte. Im Handel mit Kriegsmaterial an die Aufständischen sah Bernhardt eine Chance, seine wirtschaftliche Basis zu verbessern. Zusammen mit Langenheim und dem spanischen Hauptmann Arrant flog Bernhardt am 22. Juli in einer requirierten Lufthansa-Maschine von Las Palmas nach Berlin, um Hitler und Göring zwei persönliche Briefe von General Franco zu übergeben. Der spanische General bat darum, seine Interessen und Ziele durch Lieferungen von Kriegsmaterial und Flugzeugen zu unterstützen.

Das Auswärtige Amt hatte am 22. Juli bereits ein Telegramm des deutschen Konsuls in Tetuan erhalten: »*Oberstleutnant*

Der totalitäre Staat zielte auf die völlige »Erfassung« der Heranwachsenden. Nach der Hitlerjugend kam die Wehrmacht, dann der Reichsarbeitsdienst (Bild), dann die Deutsche Arbeitsfront . . . »Sie werden nicht frei ihr Leben lang«, versprach Hitler

261
3
265
3

Beigbeder (aus dem Stabe General Francos. – Red.) bittet mich um Absendung folgender ganz geheimer Depesche: Für Militärattaché General Kühlenthal (deutscher Militärattaché in Paris und Lissabon. – Red.). General Franco und Oberstleutnant Beigbeder begrüßen den Freund und Ritter General Kühlenthal, mitteilen ihm die neue nationale spanische Regierung und bitten ihn durch deutsche private Firmen Sendung von zehn Flugzeugen für Truppentransporte mit möglichst viel Plätzen, Transport auf dem Luftweg mit deutschem Personal bis irgendeinen Flugplatz Spanisch-Marokko. Kontrakt wird nachher unterzeichnet werden. Sehr dringend!«

Das Auswärtige Amt, auf strikte Neutralität bedacht, untersagte dem Konsul die Absendung des Telegramms an Attaché Kühlenthal. Es lehnte auch jetzt, ebenso wie das Kriegsministerium, den amtlichen Empfang der Delegation Langenheim/Bernhardt/Arrant ab, da beide Ministerien das Prinzip der Zurückhaltung nicht durchbrechen wollten. Überdies befürchteten Neurath und Blomberg, daß solche Lieferungen an die Aufständischen nicht geheim bleiben würden.

Die Delegation übergab deshalb den für Hitler bestimmten Brief am 25. Juli dem Chef der Auslandsorganisation Gauleiter Bohle. Bohle erkundigte sich beim Auswärtigen Amt nach der offiziellen Einstellung im spanischen Konflikt. Ministerialdirektor Dieckhoff, der amtierende stellvertretende Staatssekretär, warnte davor, die Absichten der Delegation offiziell zu fördern. Doch Bohle war mit der Antwort des Auswärtigen Amtes nicht zufrieden. Er trug die Angelegenheit seinem Vorgesetzten Rudolf Heß vor. Und dieser entschied, daß die Briefe Francos Hitler sogleich übergeben werden sollten. Mit drei Experten der Auslandsorganisation fuhren Langenheim, Bernhardt und Capitan Arrant nach Bayreuth, wo Hitler sich anläßlich der Wagner-Festspiele aufhielt. Auch Admiral Canaris, der Chef der deutschen Abwehr, war zugegen.

Der spanische Bürgerkrieg gab der deutschen Rüstung die Gelegenheit, ihr Material »in scharfem Schuß zu erproben« (Göring im Nürnberger Prozeß). Hochmoderne Waffen wie der Sturzkampfbomber Ju 87 oder die Flugabwehrkanone 8,8 erlebten hier ihre Premiere

Hitler faßte sofort den Entschluß, Franco zu unterstützen. Er beriet sich weder mit Außenminister von Neurath noch mit seinem eigenen außenpolitischen Berater von Ribbentrop. Zunächst wurde unter der Leitung Bernhardts im Auftrag Görings eine Firma mit dem Namen »Hisma« gegründet, ein Lufttransportunternehmen, das mit Ju 52-Transportflugzeugen und deutschen Besatzungen Franco-Truppen, Fremdenlegionäre und Marokkaner, aus Nordafrika auf das spanische Festland transportieren sollte.

Am 31. Juli 1936 verabschiedete Luftwaffengeneral Erhard Milch in Döberitz die ersten 86 deutschen Freiwilligen für Francos Rebellen. Die Männer, fliegendes und technisches Personal, waren pro forma aus dem aktiven Wehrdienst entlassen worden. Sie trugen Zivil und galten als »Geheime Kommandosache«. Sie waren zum Schweigen verpflichtet worden. Für die Außenwelt waren sie unter Deckadresse zu erreichen: Berlin W 8, Postschließfach 81 oder Max Winkler, Berlin SW 68.

Dieses Vorkommando ging als »Reisegesellschaft Union« in Hamburg an Bord der »Usaramo« der Woermann-Linie. In der Nacht zum 1. August verließ die »Usaramo« mit den Freiwilligen, 100 Tonnen Kriegsmaterial, sechs verpackten Jagdflugzeugen He 51 und zwanzig 2-cm-Flakgeschützen Hamburg. In Cadiz legte die »Usaramo« an. Die Ju 52-Transporter waren von Lufthansa-Personal bereits eingeflogen worden. Jetzt wurden sie von den Freiwilligen bemannt und holten unverzüglich Franco-Truppen aus Marokko nach Südspanien. Täglich drei- bis viermal pendelten die Transporter dieser Luftbrücke täglich über das Mittelmeer. Bis Mitte Oktober schafften sie 13 500 Soldaten und 270 Tonnen Kriegsmaterial aufs Festland.

Zunächst wollte Hitler Franco nur durch die Luftbrücke unterstützen und Offiziere der Rebellen-Luftwaffe ausbilden lassen. Doch ab August 1936 entschloß er sich zu massiverem Eingreifen. Der Nachschub für Franco rollte. Flugzeugbenzin wurde geliefert, Bomben, Munition, Gewehre, Patronen, Handgranaten. Die Franco-Hilfe lief nicht als offizielle deutsche Hilfe, sondern unter Deckadressen. Im Spätherbst 1936 umfaßte die »Legion Condor« in Spanien 4500 Mann, drei Staffeln Ju 52, drei Staffeln He 51-Jagdflugzeuge, zwölf He 70-

Aufklärer und eine Staffel Seeaufklärer. Hinzu kamen Bodendienste, Nachrichtenabteilungen, Luftzeugdienste, drei schwere und zwei leichte Flakbatterien. Das Heer stellte die »Panzergruppe Drohne« mit drei Panzerkompanien. Hinzu kamen eine Transportkompanie, Panzerabwehrgruppen und eine Nachrichtenkompanie. Die Soldaten erhielten spanische Uniformen mit spanischen Rangabzeichen.

Die offizielle deutsche Außenpolitik hieß weiterhin »Nichteinmischung«. Am 17. August überreichte Außenminister von Neurath dem französischen Botschafter François-Poncet eine Note, in der es unter anderem hieß: »Die deutsche Regierung ist bereit, die unmittelbare und mittelbare Ausfuhr, Wiederausfuhr und Durchfuhr von Waffen, Munition und Kriegsgerät sowie von Luftfahrzeugen, zusammengesetzt oder zerlegt, und von Kriegsschiffen nach Spanien, den spanischen Besitzungen und der spanischen Zone in Marokko zu verbieten.« Wie Ironie klingt der letzte Satz der Note: »Außerdem möchte die deutsche Regierung darauf hinweisen, daß es ihrer Ansicht nach dringend erwünscht wäre, wenn die beteiligten Regierungen (England, Frankreich und Italien) ihre Maßnahmen auf die Verhinderung der Ausreise von freiwilligen Teilnehmern an den Kämpfen in den in Rede stehenden Gebieten ausdehnen würden.« Am 18. Februar 1937 erließ die deutsche Regierung ein Gesetz zur Verhinderung der Teilnahme am spanischen Bürgerkrieg. Es richtete sich gegen die Ausreise von Freiwilligen für die legale republikanische Seite, die, gemeinsam mit Engländern, Franzosen, Amerikanern und Freiwilligen vieler Länder, in den Internationalen Brigaden kämpfen wollten. Besonders viele junge deutsche Sozialisten und Kommunisten versuchten damals, schwarz nach Spanien zu kommen. Angesichts der »offiziösen« Freiwilligen der Legion Condor klingt das Gesetz wie ein Hohn: »Deutschen Staatsangehörigen ist die Einreise nach Spanien zur Teilnahme am Bürgerkrieg verboten.« Weiterhin: »Es ist verboten, Personen zur Teilnahme am spanischen Bürgerkrieg anzuwerben.« Und: »Wer den Vorschriften dieses Gesetzes zuwiderhandelt, wird mit Gefängnis bestraft.« Die ersten Anwärter auf das Gefängnis wären danach Hermann Göring und General Milch gewesen.

Im Oktober 1936 war der Bürgerkrieg bereits in vollem Gange. Rußland lieferte Panzer und Bomber an die Republikaner und entsandte Militärinstrukteure, Mexiko schickte der legalen Regierung Geld. Für Franco hatte auch Mussolini ein Truppenkontingent unter General Roatta zur Verfügung gestellt.

Hitlers Außenpolitik kam der spanische Bürgerkrieg aus manchen Gründen sehr gelegen. Erstens konnten neue Waffen unter Kriegsbedingungen erprobt und Offiziere und Mannschaften im Turnus ausgebildet werden. Weiter sahen Hitler und Göring die gute Gelegenheit, für den Vierjahresplan Rohstoffe wie Wolfram, Kupfer und Gerbstoffe zu günstigen Bedingungen aus Spanien zu beziehen. Drittens rückte die Front der faschistisch-nationalsozialistischen Länder, nämlich Deutschland und Italien, durch den spanischen Bürgerkrieg näher zusammen. Und viertens lenkte der Bürgerkrieg die internationale Aufmerksamkeit von der deutschen Aufrüstung ab.

Hitler war auch nicht an einem raschen Ende des Bürgerkrieges interessiert. Er lehnte deshalb den Vorschlag seines Geschäftsträgers bei Franco, Generalleutnant a. D. Faupel ab, eine reguläre Division des Heeres nach Spanien zu schicken und so dem Krieg ein rasches Ende zu bereiten. Anfang November 1937 teilte Hitler seinen Mitarbeitern vertraulich mit, daß ein baldiger hundertprozentiger Sieg Francos für Deutschland nicht wünschenswert sei. »Wir sind eher daran interessiert, den Krieg in die Länge zu ziehen und die bestehenden Spannungen im Mittelmeerraum beizubehalten.«

In der Zwischenzeit wollte Hitler zunächst seine inzwischen so erfreulich verbesserten Beziehungen zu Italien pflegen und konsolidieren. Und – zur Vorbereitung seiner Pläne einer Expansion nach Osten wollte er einen neuen Verbündeten im Rücken der Sowjetunion gewinnen: Japan.

Bis 1937 war die offizielle deutsche Politik traditionell chinafreundlich geblieben. Es gab bei Marschall Tschiangkaischek

Die Olympiade in Berlin 1936 (oben) verschaffte dem Dritten Reich Popularität und Ansehen im Ausland. Die Nachtseiten des Regimes, wie Judenverfolgung und Konzentrationslager (unten) wurden sorgfältig vor den Blicken der Gäste verborgen

eine einflußreiche deutsche Militärmission, anfangs unter der Leitung von Seeckts, dann unter General von Falkenhausen. Blomberg, die Spitzen des Heeres und das Außenministerium hatten Hitler immer wieder nahegelegt, diese Militärmission beizubehalten. Man knüpfte daran die Erwartung, aus China Rohstoffe zu beziehen.

Antikomintern-Pakt und Achse Berlin–Rom

Aber wieder einmal durchbrach Hitler die Tradition und machte Außenpolitik auf eigene Faust. Ohne Wissen des Auswärtigen Amtes ließ er Ribbentrop Kontakte mit Japan aufnehmen, um die Lage zu sondieren. Im Mai 1935 traf sein Mittelsmann Friedrich Wilhelm Hack mit dem japanischen Militärattaché Oberstleutnant Oshima zusammen. Ganz allgemein wurde die Möglichkeit erörtert, ob und in welcher Form Deutschland und Japan ein Verteidigungsbündnis gegen die Sowjetunion abschließen könnten. Hans von Raumer, Leiter des Hauptreferates für Ost- und Fernostfragen im Büro Ribbentrop, arbeitete einen Entwurf für einen sogenannten »Antikominternpakt« mit Japan aus, der als weitere Verhandlungsgrundlage dienen sollte und dem Ribbentrop und Hitler zustimmten. Inzwischen aber hatte das japanische Außenministerium, ebenso wie das deutsche Auswärtige Amt nicht über die Verhandlungen informiert, Kenntnis von den Plänen erhalten und sich gegen ein solches Abkommen ausgesprochen. Doch die Armeeführung in Tokio war an einem Pakt interessiert. Sie glaubte, Deutschlands Haltung in einem Konflikt mit China dadurch günstig beeinflussen zu können.

Am 9. Juni 1936 empfing Hitler den japanischen Botschafter Mushakoji zu einer längeren Aussprache. Bei dieser Gelegenheit stimmten beide Politiker darin überein, den Bolschewismus und die kommunistischen Ideen zu bekämpfen. Mehrere Wochen später erklärte Hitler dem japanischen Militärattaché Oshima, Rußland müsse in seine historischen Teile zerlegt werden, damit die Welt endlich zur Ruhe komme. Mitte Juli 1936 gab der japanische Generalstab den deutschen Verhandlungspartnern zu verstehen, ein Vertrag müsse eine Klausel enthalten für den Fall, daß Rußland einen der vertragschließenden Partner angriffe. Hitler war einverstanden und übertrug Ribbentrop die Vorbereitung eines Vertragsentwurfs.

Am 21. September war der Entwurf fertig und fand die Zustimmung der japanischen Regierung, die sich die Einstellung der deutschen Waffenlieferungen nach China erhoffte. Trotz des Widerstandes des inzwischen informierten – und entsetzten – Außenministers von Neurath wurde der Vertrag am 25. November von Ribbentrop und Botschafter Mushakoji unterzeichnet. Der offizielle Teil war mehr auf Propagandawirkung eingestellt. Die beiden Partner vereinbarten, »sich gegenseitig über die Tätigkeit der Kommunistischen Internationale zu unterrichten, über die notwendigen Abwehrmaßnahmen zu beraten und dies in enger Zusammenarbeit durchzuführen«. Geheim blieb ein Zusatzabkommen. Beide Partner versicherten sich gegenseitig, im Kriegsfalle wohlwollende Neutralität zu bewahren und ohne Einverständnis des anderen Partners keinerlei Verträge mit der Sowjetunion abzuschließen, die mit dem Geist des Abkommens nicht in Einklang stünden.

Im Juni 1937 erklärt Japan China den Krieg. Hitler stellt jegliche deutsche Unterstützung Chinas ein. Im Auftrag von Hitler schickt Rudolf Heß seinen außenpolitischen Berater Dr. Albrecht Haushofer, Sohn seines Mentors, des Geopolitikers Professor Karl Haushofer, in den Fernen Osten, um einen Situationsbericht zu geben und Empfehlungen für die deutsche Haltung in diesem Konflikt auszuarbeiten.

Haushofer empfiehlt Zurückhaltung und warnt vor einer allzu engen Allianz zwischen Deutschland und Japan. Das durch die japanische Invasion in China entstandene Chaos müsse zwangsläufig die Entwicklung zum Kommunismus fördern. Haushofer erklärt seine Sympathie für China, das er aus wirtschaftlichen Gründen für den besseren Partner Deutschlands in Fernost hält. Er empfiehlt Hitler, die Japaner zur Mäßigung zu mahnen.

Hitler empfängt Haushofer in seinem Salonwagen auf der Fahrt nach Berchtesgaden. Er hört dem Wissenschaftler mit Interesse zu. Als aber Haushofer anregt, die chinafeindliche

Politik des Reiches noch einmal zu überdenken, sagt Hitler in sehr bestimmtem Ton: »Ich habe mich entschlossen, auf den Sieger zu setzen. Und der Sieger heißt Japan.«

Nach dem mißglückten Naziputsch in Wien und der Ermordung des österreichischen Bundeskanzlers Dollfuß im Juli 1934 hatte Benito Mussolini in einer Rede in Bari voller Verachtung über Deutschland gesagt: »Dreißig Jahrhunderte Geschichte erlauben uns, mit souveränem Mitleid auf gewisse Ideen von jenseits der Alpen zu blicken, die von einer Brut vertreten werden, welche wegen Unkenntnis der Schrift unfähig war, Dokumente ihres Vorhandenseins zu hinterlassen, als Rom einen Cäsar, Virgil und Augustus besaß.« Hitler hatte er in dieser Rede einen »scheußlichen Sexualkrüppel« genannt, einen »gefährlichen Narren und Nachahmer«. Seine faschistische Parteizeitung »Popolo di Roma« hatte er schreiben lassen: »Wer sind denn diese Herren Nazis? Mörder und Päderasten!«

Damals war Mussolini bereits seit 12 Jahren eine markante Figur in der internationalen Politik. Er besaß Prestige in der Welt. Dank seiner wirtschaftlichen und sozialen Erfolge im Inneren wurde er im Ausland anerkannt und respektiert. 1932 hatte Winston Churchill den Duce sogar den »größten Gesetzgeber der Gegenwart« und »das personifizierte römische Genie« genannt.

Noch im Frühjahr 1935 hatte er auf der Konferenz von Stresa im Verein mit England und Frankreich eine scharfe Haltung gegenüber Deutschland eingenommen.

Dann aber kommt der 3. Oktober 1935. Italienische Truppen fallen im Kaiserreich Abessinien ein, um ein überseeisches »römisches Imperium« zu begründen. Italien wird vom Völkerbund als Aggressor verurteilt. England und Frankreich beschließen wirtschaftliche Sanktionen, lassen ihre Flotten im Mittelmeer demonstrieren. Mussolini ist zum politischen Abenteurer gestempelt. Sein Kredit bei den europäischen Mächten ist merklich gesunken.

Zur gläubigen Gemeinschaft wurden die jungen Menschen im Dritten Reich formiert (Bild: Aufmarsch der Hitlerjungen beim Parteitag 1938). »Diese Jugend wird gegen uns antreten«, sagte Frankreichs Botschafter in Berlin, Coulondre, prophetisch

Und jetzt unterstützt Hitler ihn, indem sich Deutschland als Nichtmitglied des Völkerbundes nicht an den Sanktionen gegen Italien beteiligt. Aus Oberschlesien, von der Saar, von der Ruhr rollen die Kohlenzüge nach Italien.

Um Mussolini so lange wie möglich in Italien sein Kolonialabenteuer zu verstricken, um ihm die deutsche Gefälligkeit so lange und so intensiv wie möglich beweisen zu können, bedient Hitler sich, wie bereits erwähnt, eines Doppelspiels: er läßt die Truppen Haile Selassies mit Waffen und Munition unterstützen.

Aus einem Berliner Sonderfonds erhält David Hall, ein deutschstämmiger Berater des Negus, zunächst drei Millionen Mark zum Ankauf von Waffen und Munition bei Rheinmetall-Borsig und Krupp. Später wird die Summe verdoppelt. Hinter den äthiopischen Linien schweben an Fallschirmen Gewehre, leichte Geschütze, Munition und Medikamente herab – abgeworfen aus deutschen Ju 52.

Hitlers Rechnung geht auf. Italiens Isolierung macht Mussolini aufgeschlossen für das Bündniswerben der Deutschen. Er lenkt in der Österreichfrage ein, er gibt diplomatischen Flankenschutz, als Hitler die Verträge von Locarno bricht und im März 1936 das entmilitarisierte Rheinland besetzt.

Und die Beziehungen gestalten sich weiterhin freundlich. Die Annäherung schreitet voran. Am 24. Oktober heißt es in einer Presseverlautbarung der amtlichen Nachrichtenagentur DNB:

»Der Königlich Italienische Minister der Auswärtigen Angelegenheiten, Graf Ciano, wurde heute vom Führer und Reichskanzler empfangen. In der Unterredung hat der Führer und Reichskanzler dem Vertreter der Faschistischen Regierung mitgeteilt, daß die Reichsregierung sich zur förmlichen Anerkennung des Italienischen Kaiserreichs Äthiopien entschlossen hat. Der italienische Außenminister brachte zum Ausdruck, daß die Faschistische Regierung von dieser Mitteilung in voller Würdigung ihrer Bedeutung mit Genugtuung Kenntnis nehme.«

Und in seiner Erklärung beim Abschluß seines Besuchs am 25. Oktober sagt Graf Ciano: »Ich kehre nach Italien zurück mit dem Gefühl der aufrichtigen Bewunderung für alles, was

Während der nächtlichen Kundgebung zu Mussolinis Staatsbesuch in Berlin im September 1937 ging ein Wolkenbruch über der Arena auf dem Tempelhofer Feld nieder. Der italienische Diktator rief der durchnäßten Menge in deutscher Sprache zu: »Die größten und echtesten Demokratien, die die Welt heute kennt, sind die italienische und die deutsche!«

ich in Deutschland habe sehen können. Diese Gefühle gelten in erster Linie dem Führer, dem ich den Gruß des Duce übermittelt habe. Die herzliche Fühlungnahme zwischen unseren beiden Regierungen wird fortgesetzt und unsere Mitarbeit am allgemeinen Friedens- und Wiederaufbauwerk Europas wird in Rom wie in Berlin weitergeführt werden in demselben Geist und mit derselben Entschlossenheit, wie wir sie in diesen Tagen begonnen haben.«

In seiner Rede vom 1. November 1936 in Mailand erwähnt Mussolini zum erstenmal den Begriff von der »Achse«: »Diese Verständigung, diese Diagonale Berlin–Rom ist keine Trennungslinie, sondern eher eine Achse, um die sich alle europäischen Staaten, die von dem Willen der Zusammenarbeit und des Friedens beseelt sind, sammeln können. Deutschland hat die Sanktionen nicht mitgemacht, obwohl man es bestürmte und ihm damit in den Ohren lag.«

Als Reichsaußenminister von Neurath im Mai 1937 nach Rom reist und sehr herzliche Gespräche mit Mussolini und Graf Ciano führt, konsolidiert sich die »Achse«.

Am 27. September kommt Mussolini zu einem triumphalen Staatsbesuch nach Berlin. Kurz vor dem Stadtbahnhof Spandau-West schiebt sich links neben den Sonderzug des italienischen Gastes ein anderer Zug – der Sonderzug Adolf Hitlers, wie der des Duce aus Essen kommend. Eine Viertelstunde lang fahren beide Züge auf gleicher Höhe nebeneinanderher. Kurz vor dem Bahnhof Heerstraße beschleunigt Hitlers Zug die Geschwindigkeit. Sekunden vor dem des Gastes hält er am Bahnsteig. Hitler springt heraus, eilt an die andere Seite des Bahnsteigs und reicht Mussolini beide Hände zur Begrüßung.

Vom Bahnhof fahren die beiden Diktatoren im offenen Mercedes durch ein Spalier jubelnder und fahnenschwingender Menschenmassen zum Brandenburger Tor. Der Berliner Bühnenbildner Benno von Arent hat den Triumphbogen mit der Quadriga und dem dahinterliegenden Pariser Platz in eine gewaltige Opernbühne verwandelt: Pylone mit Liktorenbündeln, riesigen Adlern und Hakenkreuzen. Fahnenmasten mit gerafften und künstlerisch verknoteten Fahnentüchern in den deutschen und italienischen Farben. Riesige Scheinwerfer machen die Dekoration in der Abenddämmerung zu einem gigantischen Farbspektakel. Als die Wagenkolonne durch die Wilhelmstraße fährt, erklingen aus dem Ehrenhof des Reichspräsidentenpalais die Hymnen des faschistischen Italiens. Nationalsozialistische Show-Regie, erprobt bei fünf Reichsparteitagen und einer Olympiade, feiert wieder einen ihrer Triumphe.

Am nächsten Abend, auf dem Tempelhofer Feld, ruft der italienische Diktator inmitten eines Wolkenbruchs Hunderttausenden in Formation aufmarschierten Nazis in deutscher Sprache zu: »Die größten und echtesten Demokratien, die die Welt heute kennt, sind die italienische und die deutsche!«

Die politischen und militärischen Spitzen des Reiches beim Heldengedenktag 1935 noch einträchtig beisammen. In der vorderen Reihe Weltkrieg-I-Generalfeldmarschall v. Mackensen, Hitler, Generalfeldmarschall v. Blomberg; dahinter Generaloberst v. Fritsch, Göring, Admiral Raeder

Die Achse Berlin–Rom, das Bündnis zwischen den beiden Diktaturen, ist endgültig besiegelt. Hitler kann einen seiner größten außenpolitischen Siege feiern. Sieben Wochen später tritt Italien offiziell dem deutsch-japanischen Antikominternpakt bei.

Die Achse Berlin–Rom war gefestigt. Im Rücken der Sowjetunion hatte Hitler mit Japan einen überseeischen Verbündeten gewonnen. Doch mit seiner Lieblingsidee, einem deutsch-britischen Bündnis, war er nicht allzu weit gekommen. Im Gegenteil: nach der Euphorie beim Abschluß des deutsch-britischen Flottenabkommens hatten die Beziehungen sich wieder merklich abgekühlt.

Am 20. November 1936 hatte Außenminister Anthony Eden die britisch-französische Solidarität betont und gewarnt, daß zur Verteidigung Frankreichs und Belgiens gegen einen unprovozierten Angriff (der ja nur von Deutschland kommen konnte) jederzeit britische Truppen eingesetzt werden könnten.

In seiner Unterhausrede vom 19. Januar 1937 richtete Eden dann eine unmißverständliche Warnung an die Adresse Deutschlands, sich aller Hegemoniebestrebungen auf dem europäischen Kontinent zu enthalten.

Als Hitler merkte, daß England seinen Werbungen gegenüber kühl und verschlossen blieb, setzte er wieder einmal die Forderung nach Kolonien als Hebel an, um auf die Seemacht England Druck auszuüben.

Auf dem Nürnberger Reichsparteitag erhob er am 7. September 1937 massiv die Forderung, Deutschland Kolonien zu geben: »Der deutsche Lebensraum ist ohne koloniale Ergänzung zu klein, um eine ungestörte, sichere, dauernde Ernährung unseres Volkes zu gewährleisten.« Hitler war nie ernsthaft an überseeischen Kolonien interessiert. Seine »koloniale Ergänzung des deutschen Lebensraumes« lag im Osten. Doch die dauernde Forderung nach Rückgabe der verlorenen Kolonien sollte England seinen Vorschlägen gefügig machen, ihm nach Osten hin freie Hand zu lassen. Klaus Hildebrand nennt dies in seinem Buch »Deutsche Außenpolitik 1933 bis 1945, Kalkül oder Dogma« die Politik der »drohenden Werbung«. Hildebrand schreibt: »Unübersehbar ... ist, daß mit

Reichsführer SS Heinrich Himmler (links) und Generalfeldmarschall Blomberg während eines Manövers. Der Sturz des Kriegsministers und Obersten Befehlshabers der Wehrmacht im Januar 1938 öffnete Himmlers schwarzen Mannen eine Tür zu weiterer Machtfülle im nationalsozialistischen Herrschaftssystem

der ›Gleichschaltung‹ der Kolonialverbände zum Reichskolonialbund der ›Führer‹ das Instrument bereitstellen ließ, das den Engländern gegenüber drohend als Ausdruck der deutschen ›öffentlichen Meinung‹ präsentiert werden konnte, wenn es in Zukunft darum ging, Kolonialforderungen anzumelden und die Briten auf das Programm Hitlers festzulegen.«

Am 3. Februar 1933 hatte Hitler der Generalität zum erstenmal seine außenpolitischen Ziele erläutert. Als das Jahr 1937 zu Ende ging, rief er die Spitzen der Wehrmacht abermals zusammen. Am 5. November 1937 fand in der Reichskanzlei eine Besprechung statt, auf der Hitler seine wahren Ziele erläuterte, die weder in offiziellen Kommuniqués, Reichstagsreden oder Reichsparteitagsproklamationen zu finden waren. Anwesende: Reichskriegsminister Generalfeldmarschall von Blomberg, der Oberbefehlshaber des Heeres Generaloberst Freiherr von Fritsch, der Oberbefehlshaber der Kriegsmarine Generaladmiral Dr. h. c. Raeder, der Oberbefehlshaber der Luftwaffe Generaloberst Göring, der Reichsminister des Auswärtigen Freiherr von Neurath. Das Protokoll führte der Oberst im Generalstab Hoßbach.

Kernpunkt der Besprechung war die Unvermeidbarkeit eines Krieges im Osten spätestens 1943. Zunächst müsse Österreich besetzt und die Tschechoslowakei niedergeworfen werden. Es sei sein »unabänderlicher Entschluß«, spätestens 1943/45 die »deutsche Raumfrage« zu lösen. Sollte vor diesem Zeitpunkt Frankreich innenpolitisch so geschwächt sein, daß es dort zu einer Krise käme, würde er früher losschlagen. Dies habe er auch vor, wenn Frankreich durch einen Krieg mit einem anderen Staat gefesselt sei. Hier setzte er seine Hoffnung auf Italien, das sich territorial nach Tunesien expandieren wolle und außerdem Forderungen in Südfrankreich habe.

Sowohl Blomberg als auch Fritsch meldeten Bedenken an: Man dürfe weder England noch Frankreich unterschätzen. Hitler hat sich die Widerreden der unbequemen Mahner sehr wohl gemerkt. Es vergingen keine drei Monate, da wurden wowohl Blomberg als auch Fritsch durch ein wohlinszeniertes Netz von Intrigen abgelöst und durch gefügigere Generale ersetzt. Am selben Tag, dem 4. Februar 1938, wurde auch Außenminister von Neurath, der Vertreter der konservativen »alten Schule« im Außenamt, abgesetzt.

Mit dem Jahre 1938 begann Hitler eine neue Phase seiner Machtpolitik nach außen, die – zunächst scheinbar von großen Erfolgen gekrönt – schließlich direkt in den Krieg führte.

Dokumente 1933 – 1938

Immer wieder hatte Hitler in öffentlichen Reden die Revision des »Schanddiktats« von Versailles gefordert, die Rückgabe abgetretener Gebiete, die Wiederherstellung politischer und militärischer Macht des Reiches. Diese Politik wurde von einem großen Teil des Volkes bewußt mitgetragen und vom Ausland durchweg geduldet. So gab es kaum Schwierigkeiten, als Hitler aufrüsten ließ, die allgemeine Wehrpflicht einführte und eine außenpolitische Offensive begann. Die Scheibchen, die er seinem Reich zwischen 1935 und 1938 zulegte (Saargebiet, Rheinland, Österreich, Sudeten), konnte man noch als »ehemals deutsch« bezeichnen, ihr Erwerb erschien plausibel, und mancher mochte glauben, es werde damit sein Bewenden haben.

Daß es aber nur »Scheibchen« waren und der Kuchen, den Hitler haben wollte, viel größer war, konnte nach der Lektüre von Hitlers Bekenntnisbuch »Mein Kampf«, das in jeder Buchhandlung auslag, nicht zweifelhaft sein. Das Globalziel war keine Geheimsache. Es hieß: Weltmacht; und das Mittel dazu: Kampf (Dokument Nr. 1).

Unklar bleiben mochte dem schlichten Volksgenossen allenfalls der präzise Umfang des geplanten Weltreiches. Den bekamen nur die führenden Militärs und Politiker zu Gesicht, und zwar von Anfang an, *bevor* Hitler losschlug, und nicht erst im Nachhinein, wie in Nachkriegsmemoiren der Beteiligten gern behauptet wurde. Die Geheimrede vor den Generälen der Reichswehr (Nr. 2), die Denkschrift zum Vierjahresplan (Nr. 4), das »Hoßbach-Protokoll« (Nr. 5) und die Rede vor dem Offiziersnachwuchs (Nr. 6), die hier stellvertretend für eine weitaus größere Anzahl programmatischer Äußerungen aufgenommen sind, enthalten eine Fülle von Belegen dafür, welche Gebiete Hitler beanspruchte, welche Völker er unterdrücken wollte und welche Mittel er dafür einzusetzen bereit war. Öffentliche Beteuerungen wie die sogenannte Friedensrede (Nr. 3) konnten da nur als taktische Manöver bezeichnet werden.

Herr, segne unseren Kampf!

Dokument Nr. 1: Hitler in »Mein Kampf« über den Friedensvertrag von Versailles

Als im Jahre 1919 der Friedensvertrag dem deutschen Volk aufgebürdet wurde, da wäre man berechtigt gewesen, zu hoffen, daß gerade durch dieses Instrument maßloser Unterdrückung der Schrei nach deutscher Freiheit mächtig gefördert werden würde. Friedensverträge, deren Forderungen wie Geißelhiebe Völker treffen, schlagen nicht selten den ersten Trommelwirbel für die spätere Erhebung.

Was konnte man aus dem Friedensvertrag von Versailles machen!

Wie konnte dieses Instrument einer maßlosen Erpressung und schmachvollsten Erniedrigung zu den Händen einer wollenden Regierung zum Mittel werden, die nationalen Leidenschaften bis zur Siedehitze aufzupeitschen! Wie konnte bei einer genialen propagandistischen Verwertung dieser sadistischen Grausamkeiten die Gleichgültigkeit eines Volkes zur Empörung und die Empörung zur hellsten Wut gesteigert werden!

Wie konnte man jeden einzelnen dieser Punkte dem Gehirn und der Empfindung dieses Volkes so lange einbrennen, bis endlich in sechzig Millionen Köpfen, bei Männern und Weibern, die gemeinsam empfundene Scham und der gemeinsame Haß zu jenem einzigen feurigen Flammenmeer geworden wäre, aus dessen Gluten dann stahlhart ein Wille emporsteigt und ein Schrei sich herauspreßt:

Wir wollen wieder Waffen!

Jawohl, dazu kann ein solcher Friedensvertrag dienen. In der Maßlosigkeit seiner Unterdrückung, in der Schamlosigkeit seiner Forderungen liegt die größte Propagandawaffe zur Wiederaufrüttelung der eingeschlafenen Lebensgeister einer Nation. Dann muß allerdings, von der Fibel des Kindes angefangen bis zur letzten Zeitung, jedes Theater und jedes Kino, jede Plakatsäule und jede freie Bretterwand in den Dienst dieser einzigen großen Mission gestellt werden, bis daß das Angstgebet unserer heutigen Vereinspatrioten »Herr, mach uns frei!« sich in dem Gehirn des kleinsten Jungen verwandelt zur glühenden Bitte: »Allmächtiger Gott, segne dereinst unsere Waffen; sei so gerecht wie du es immer warst; urteile jetzt, ob wir die Freiheit nun verdienen; Herr, segne unseren Kampf!«

Wir Nationalsozialisten müssen unverrückbar an unserem außenpolitischen Ziele festhalten, nämlich dem deutschen Volk den ihm gebührenden Grund und Boden auf dieser Erde zu sichern. Das

Recht auf Grund und Boden kann zur Pflicht werden, wenn ohne Bodenerweiterung ein großes Volk dem Untergang geweiht erscheint. Noch ganz besonders dann, wenn es sich dabei nicht um ein x-beliebiges Negervölkchen handelt, sondern um die germanische Mutter all des Lebens, das der heutigen Welt ihr kulturelles Bild gegeben hat. Deutschland wird entweder Weltmacht oder überhaupt nicht sein.

Wiederherstellung der deutschen Macht

Dokument Nr. 2: Hitlers Geheimrede vor Generälen der Reichswehr, 3. 2. 1933

Deutschland muß sich die volle Freiheit seines Entschlusses wieder erobern. Ohne Gewinnung der politischen Macht wird diese Freiheit des Entschlusses nicht möglich sein. Daher ist mein Ziel die Wiederherstellung der politischen Macht. Meine Organisation ist nötig, um den Staatsbürger wieder in Ordnung zu bringen. Die Demokratie ist eine Utopie, sie ist unmöglich. Sie findet weder in der Wirtschaft noch in der Wehrmacht Anwendung, also ist sie erst recht nicht brauchbar in einer so komplizierten Institution, wie es der Staat ist. Die Demokratie ist das Verhängnisvollste, was es gibt. Es kann und darf nur einer befehlen. Für diese Idee arbeite ich seit 1918, und, wenn ich bedenke, daß mich meine Bewegung, die von 7 Leuten zu 12 Millionen angewachsen ist, vom einfachsten Soldaten zum Reichskanzler des Deutschen Reiches emporgetragen hat, so zeigt dies, daß doch noch ein großer Teil des Volkes für diese Idee zu gewinnen ist. Das Volk muß national denken lernen und dadurch zusammengeschmiedet werden. Geistig allein ist dies nicht zu schaffen, sondern nur durch Gewalt. Wer nicht einsehen will, muß gebeugt werden. Das höchste Gebot ist die Erhaltung der Gesamtheit. Dieser Prozeß ist heute im Vollenden begriffen. In diesem Sinne habe ich meine Organisation aufgebaut und jetzt in den Staat hineingestellt. Ziel ist die Wiederherstellung der deutschen Macht. Dafür kämpfe ich mit allen Mitteln. Zur Wiederherstellung der Macht gehört die Wehrmacht. Die Masse des Volkes muß auf einer einheitlichen Basis erzogen werden. Der Marxismus muß mit Stumpf und Stiel ausgerottet werden . . .

Der Weg, den ich Ihnen vorgezeichnet habe, wird viele Jahre in Anspruch nehmen. Wenn Frankreich tüchtige Staatsmänner hat, so wird es uns in der Vorbereitungszeit überfallen, nicht selbst, sondern wahrscheinlich durch seine Vasallen im Osten. Daher ist es falsch, sich zu sehr auf den Gedanken der Gleichberechtigung festzulegen. Wir

müssen im Geheimen wirtschaftlich und militärisch alle Vorbereitungen 100%ig treffen und erst, wenn wir dies erreicht haben, hervortreten. Dann haben wir die Freiheit des Entschlusses ... Mit meiner Bewegung ist dem Vaterland ein Wunder gegeben. Dieses Wunder gibt es aber nur einmal, deshalb müssen wir es auch ausnützen.

Tiefstes Verständnis für die anderen Völker

Dokument Nr. 3: Hitlers »Friedensrede« im Reichstag, 17. 5. 1933

Wenn ich in diesem Augenblick bewußt als deutscher Nationalsozialist spreche, so möchte ich namens der nationalen Regierung und der gesamten nationalen Erhebung bekunden, daß gerade uns und dieses junge Deutschland das tiefste Verständnis beseelt für die gleichen Gefühle und Gesinnungen sowie für die begründeten Lebensansprüche der anderen Völker. Die Generation dieses jungen Deutschlands, die in ihrem bisherigen Leben nur die Not, das Elend und den Jammer des eigenen Volkes kennenlernte, hat zu sehr unter dem Wahnsinn gelitten, als daß sie beabsichtigen könnte, das gleiche anderen zuzufügen. Unser Nationalismus ist ein Prinzip, das uns als Weltanschauung grundsätzlich allgemein verpflichtet. Indem wir in grenzenloser Liebe und Treue an unserem eigenen Volkstum hängen, respektieren wir die nationalen Rechte auch der anderen Völker aus dieser selben Gesinnung heraus und möchten aus tiefinnerstem Herzen mit ihnen in Frieden und Freundschaft leben ... Wir haben aber keinen sehnlicheren Wunsch als den, beizutragen, daß alle Wunden endgültig geheilt werden, und Deutschland will dabei keinen anderen Weg gehen als den, der durch die Verträge selbst als berechtigt anerkannt wird. Die deutsche Regierung wünscht; sich über alle schwierigen Fragen politischer und wirtschaftlicher Natur mit den anderen Nationen friedlich und vertraglich auseinanderzusetzen. Sie weiß, daß jeder militärische Akt in Europa, auch im Falle seines vollständigen Gelingens, gemessen an seinen Opfern, in keinem Verhältnis steht zum endgültigen Gewinn ...

In rasendem Tempo vollzog sich Deutschlands Aufrüstung. In den zwanziger Jahren übte die Reichswehr noch mit Panzerattrappen aus Sperrholz und Fahrradteilen; zum Reichsparteitag 1935 fuhr die Wehrmacht mit fertig ausgerüsteten Tankregimentern auf

In vier Jahren kriegsfähig

Dokument Nr. 4: Geheime Denkschrift zum Vierjahresplan, 1936

I. Ähnlich der militärischen und politischen Aufrüstung bzw. Mobilmachung unseres Volkes hat auch eine wirtschaftliche zu erfolgen, und zwar im selben Tempo, mit der gleichen Entschlossenheit und wenn nötig auch mit der gleichen Rücksichtslosigkeit . . .

II. Zu diesem Zwecke sind auf allen Gebieten, auf denen eine eigene Befriedigung durch deutsche Produktionen zu erreichen ist, Devisen einzusparen, um sie jenen Erfordernissen zuzulenken, die unter allen Umständen ihre Deckung nur durch Import erfahren können.

III. In diesem Sinne ist die deutsche Brennstofferzeugung nunmehr im schnellsten Tempo vorwärtszutreiben und binnen 18 Monaten zum restlosen Abschluß zu bringen. Diese Aufgabe ist mit derselben Entschlossenheit wie die Führung eines Krieges anzufassen und durchzuführen; denn von ihrer Lösung hängt die kommende Kriegsführung ab und nicht von einer Bevorratung des Benzins . . .

Es ist weiter notwendig, die deutsche Eisenproduktion auf das außerordentlichste zu steigern . . .

Es ist weiter notwendig, unsere industrielle Fettversorgung in kürzester Schnelligkeit vom Import unabhängig zu machen und aus unserer Kohle zu befriedigen . . .

Es ist weiter notwendig, ohne Rücksicht auf die Kosten die deutsche sonstige Erzförderung zu steigern . . .

Kurz zusammengefaßt: Ich halte es für notwendig, daß nunmehr mit eiserner Entschlossenheit auf all den Gebieten eine 100prozentige Selbstversorgung eintritt, auf denen diese möglich ist . .

Ich stelle damit folgende Aufgabe:

I. Die deutsche Armee muß in 4 Jahren einsatzfähig sein.

II. Die deutsche Wirtschaft muß in 4 Jahren kriegsfähig sein.

Hitlers Bekenntnis zur Gewalt

Dokument Nr. 5: »Hoßbach-Protokoll«, 5. 11. 1937

Der Führer stellte einleitend fest, daß der Gegenstand der heutigen Besprechung von derartiger Bedeutung sei, daß dessen Erörterung in anderen Staaten wohl vor das Forum des Regierungskabinetts gehörte, er – der Führer – sähe aber gerade im Hinblick auf die Bedeutung der Materie davon ab, diese in dem großen Kreise des Reichskabinetts zum Gegenstand der Besprechung zu machen. Seine nachfolgenden Ausführungen seien das Ergebnis eingehender Überlegungen und der Erfahrungen seiner 4½jährigen Regierungszeit; er wolle den anwesenden Herren seine grundlegenden Gedanken über die Entwicklungsmöglichkeiten und -notwendigkeiten unserer außenpolitischen Lage auseinandersetzen, wobei er im Interesse einer auf weite Sicht eingestellten deutschen Politik seine Ausführungen als seine testamentarische Hinterlassenschaft für den Fall seines Ablebens anzusehen bitte.

Der Führer führte sodann aus:

Das Ziel der deutschen Politik sei die Sicherung und die Erhaltung der Volksmasse und deren Vermehrung. Somit handele es sich um das Problem des Raumes.

Die deutsche Volksmasse verfüge über 85 Millionen Menschen, die nach der Anzahl der Menschen und der Geschlossenheit des Siedlungsraumes in Europa einen in sich so fest geschlossenen Rassekern darstelle, wie er in keinem anderen Land wieder anzutreffen sei, wie er andererseits das Anrecht auf größeren Lebensraum mehr als bei anderen Völkern in sich schlösse . . .

Die deutsche Zukunft sei daher ausschließlich durch die Lösung der Raumnot bedingt, eine solche Lösung könne naturgemäß nur für eine absehbare, etwa 1 bis 3 Generationen umfassende Zeit gesucht werden.

Eine weitere Steigerung der Produktion unter Anspannung des Bodens, der infolge der Kunstdüngung bereits Ermüdungserscheinungen aufweise, sei kaum noch möglich und daher sicher, daß selbst bei höchster Produktionssteigerung eine Beteiligung am Weltmarkt nicht zu umgehen sei.

Zur Lösung der deutschen Frage könne es nur den Weg der Gewalt geben, dieser niemals risikolos sei. Die Kämpfe Friedrichs d. Gr. und die Kriege Bismarcks gegen Österreich und Frankreich seien von unerhörtem Risiko gewesen, und die Schnelligkeit des preußischen Handelns habe 1870 Österreich vom Eintritt in den Krieg ferngehalten. Stellt man an die Spitze der nachfolgenden Ausführungen den Entschluß zur Anwendung von Gewalt unter Risiko, dann bleibt noch die Beantwortung der Fragen »wann« und wie. Hierbei seien drei Fälle zu entscheiden.

Fall 1: Zeitpunkt 1943–1945.

Nach dieser Zeit sei nur noch eine Veränderung zu unseren Ungunsten zu erwarten. Die Aufrüstung der Armee, Kriegsmarine,

Luftwaffe sowie die Bildung des Offizierskorps seien annähernd beendet. Die materielle Ausstattung und Bewaffnung seien modern, bei weiterem Zuwarten läge die Gefahr ihrer Veraltung vor ... Im Verhältnis zu der bis dahin durchgeführten Aufrüstung der Umwelt nähmen wir an relativer Stärke ab ... Sollte der Führer noch am Leben sein, so sei es sein unabänderlicher Entschluß, spätestens 1943/45 die deutsche Raumfrage zu lösen.

Die Notwendigkeit zum Handeln vor 1943/45 käme in Fall 2 und 3 in Betracht.

Fall 2: Wenn die sozialen Spannungen in Frankreich sich zu einer derartigen innenpolitischen Krise auswachsen sollten, daß durch letztere die französische Armee absorbiert und für eine Kriegsverwendung gegen Deutschland ausgeschaltet würde, sei der Zeitpunkt zum Handeln gegen die Tschechei gekommen.

Fall 3: Wenn Frankreich durch einen Krieg mit einem anderen Staat so gefesselt ist, daß es gegen Deutschland nicht »vorgehen« kann. Zur Verbesserung unserer militärisch-politischen Lage müsse in jedem Fall einer kriegerischen Verwicklung unser 1. Ziel sein, die Tschechei und gleichzeitig Österreich niederzuwerfen, um die Flankenbedrohung eines etwaigen Vorgehens nach Westen auszuschalten.

Neuen Raum gewinnen

Dokument Nr. 6: Hitlers Rede vor Napola-Schülern, 21. 1. 1938

Es kann nur einer führen, der aber auch allein die ganze Schwere der Verantwortung trägt. Sie ist sehr schwer. Ich habe bei meinen schweren Entscheidungen schlaflose Nächte gehabt, und nun sind meine Nerven zerrüttet, und ich schlafe überhaupt nicht mehr in der Sorge um Deutschland ...

Der deutsche Boden erzeugt bei guten Ernten gerade den Bedarf für die jetzige Bevölkerungszahl des Volkes für ein Jahr. Bei einer nur mittelguten Ernte fallen schon mehrere Monate für die Ernährung

Die Apokalyptischen Reiter des Dritten Reiches: Göring hat der Friedensgöttin den Kopf abgehackt, Hitler hält ihn in der Faust, Goebbels spießt den Rumpf und frißt obendrein die Friedenstaube – so glossiert die SPD-Exilzeitung »Neuer Vorwärts« vom März 1936 den Größenwahn der Nationalsozialisten

Nr. 144 BEILAGE **Neuer Vorwärts** 15. März 1936

Wir haben keine territorialen Forderungen -

Wir wollen die Welt!

aus. Bei einer schlechteren oder schlechten Ernte, wie sie ganz bestimmt einmal kommen wird, hat das deutsche Volk vielleicht nur für ein Vierteljahr oder ein Halbjahr seine Ernährungsgrundlage, und das bei dem gegenwärtigen Bevölkerungsstand. Die Bevölkerungszunahme Deutschlands beträgt jährlich 600 000 Köpfe. Das sind in zehn Jahren 6 Millionen. Wie soll nun weiter das deutsche Volk sich ernähren können? Es ist nur möglich, wenn wir neuen Raum gewinnen, den wir uns gewaltsam schaffen müssen . . .

Es ist die Lage Deutschlands eigentlich trostlos, und ich mühe mich in Tagen und Nächten um eine Lösung. Eine Erkenntnis führt mich dazu, daß die Lage des deutschen Volkes trotzdem hoffnungsfreudig ist; wenn wir die herrschenden Völker der Erde, Engländer, Franzosen, Amerikaner, betrachten, so ergibt sich aus den Statistiken, daß nur ein verschwindend geringer Teil, 40–50 Millionen, reinblütiger Angehöriger des Führerlandes Millionen anderer Menschen und riesige Flächen der Welt beherrscht. Es gibt nur ein einziges Volk der Erde, das in großer Geschlossenheit, in einheitlicher Rasse und Sprache eng zusammengedrängt im Herzen Europas wohnt, das ist das deutsche Volk mit seinen 110 Millionen Deutschen in Mitteleuropa. Dieser Vergleich macht mich hoffnungsfreudig, und diesem geschlossenen Block Mitteleuropas wird und muß einmal die Welt gehören.

Der Weg in den Krieg

Anfang 1938 gab es einschneidende Veränderungen im Kabinett und in den Spitzenpositionen der Wehrmacht. Sie machten Hitler den Weg zu alleinigen außen- und militärpolitischen Entscheidungen völlig frei. Der wichtigste Wechsel fand in der Spitze der Wehrmacht statt. Der 60jährige Reichskriegsminister Generalfeldmarschall von Blomberg heiratete eine 24jährige Sekretärin, die als 18jährige einmal durch einen dummen Zufall eine polizeiliche Vernehmung in einer Sittensache hatte über sich ergehen lassen müssen. In einer gezielten Intrige, an deren Spitze Göring stand, wurde jetzt aus der jungen Frau des Ministers eine »von der Sittenpolizei überwachte Dirne«. Blomberg mußte seinen Abschied nehmen. An erster Stelle als möglicher Nachfolger stand der Oberbefehlshaber des Heeres Generaloberst Freiherr von Fritsch. Doch Hitler hielt die Einstellung des konservativen Generals moderner Kriegstechnik gegenüber für altmodisch und überholt. Auch hier kam Hitler eine Intrige zu Hilfe, eingefädelt von Himmler, unterstützt von Göring, der selbst auf den Posten des Kriegsministers reflektierte. Der General Fritsch wurde homosexueller Betätigungen verdächtigt; er sei einem Erpresser ausgeliefert, man fand sogenannte »Zeugen«. Auch Fritsch nahm seinen Abschied. Zwar wurde er durch ein späteres Gerichtsverfahren völlig rehabilitiert, doch er war innerlich zerbrochen.

Der Abgang der höchsten Offiziere gab Hitler Gelegenheit, die gesamte Wehrmachtführung umzubilden. Zum neuen Oberbefehlshaber des Heeres wurde General Walther von Brauchitsch, ein zuverlässiger Funktionär, bestellt. Das Kriegsministerium wurde aufgelöst und in das neugeschaffene Oberkommando der Wehrmacht integriert. Zu dessen Chef bestellte Hitler den nachgiebigen und gehorsamen General Wilhelm Keitel, der sich keineswegs durch eine unabhängige Denkweise auszeichnete und schon in seinem Heimatregiment den Spitznamen »Lakaitel« getragen hatte. Das neue OKW, mit Hitler als Oberbefehlshaber konnte nun auch der Luftwaffe und der Marine Anweisungen erteilen.

Der Erdrutsch vom 4. Februar 1938 erfaßte nicht nur die militärischen sondern auch die diplomatischen Spitzen. Hitler feuerte seinen Wirtschaftsminister Schacht ebenso wie seinen Außenminister von Neurath. Der Botschafter in Rom, Ulrich von Hassell, wurde vorzeitig pensioniert. Göring wurde zum Feldmarschall befördert, 60 Generale des Heeres und der Luftwaffe wurden geschaßt oder auf einflußlose Posten versetzt. Zum Entsetzen Neuraths ernannte Hitler den ihm ergebenen Joachim von Ribbentrop, bisher Botschafter in London, zum neuen Außenminister. Neurath wurde mit dem Ehrentitel eines »Vorsitzenden des Geheimen Kabinettrates« abgefunden, eines Gremiums, das nie zusammengetreten ist. In seinem Buch »Hitlers Weg zum Krieg« erwähnt David Irving die treffende Charakterisierung Ribbentrops durch General Carl Heinrich von Stülpnagel: »Was er Politik nennt, spielt sich etwa so ab: Hitler gibt ihm eine Trommel und befiehlt ihm zu trommeln. Dann trommelt er laut und stark. Nach einer Weile nimmt ihm Hitler die Trommel weg und gibt ihm eine Trompete. Dann trompetet er, bis ihm befohlen wird, aufzuhören und Flöte zu spielen. Warum er getrommelt, trompetet und geflötet hat, weiß er nicht und hat er nicht verstanden.«

Am 5. Februar 1938 um 20.00 Uhr fand die letzte Kabinettsitzung des Dritten Reiches statt. Von diesem Tage an wurde das Kabinett nie mehr einberufen. Nach der Sitzung, die lediglich dazu diente, die neuen Mitglieder Ribbentrop, Keitel und Brauchitsch vorzustellen, fuhr Hitler auf seinen Berghof nach Berchtesgaden. Er war nicht mehr nur nominell Oberbefehlshaber der Wehrmacht, sondern auch praktisch; er hatte in Keitel einen folgsamen »Sekretär« an der Spitze der Streitkräfte, in Ribbentrop einen gefügigen Außenminister.

Der Kriegsminister und seine Gattin im Leipziger Zoo. Auf solch einem harmlosen Pressefoto von der Hochzeitsreise des Ehepaares Blomberg glaubte ein Berliner Polizist in der Frau Generalfeldmarschall ein Mädchen wiederzuerkennen, das in der Prostituiertenkartei geführt wurde – Blombergs Gegner hatten ihr Material für eine Verleumdungskampagne

Nach dem Revirement seiner Regierung hatte Hitler von dem englischen Pressezaren Lord Rothermere, Besitzer der konservativen »Daily Mail«, ein enthusiastisches Telegramm erhalten: »Darf ich Ihnen, mein lieber Führer, meine Glückwünsche zu den heilsamen Veränderungen aussprechen, durch die Sie Ihren Stern höher und höher steigen machen.«

Das Ende der Kabinettsregierung in Deutschland fiel zusammen mit dem Beginn der offen aggressiven Phase von Hitlers Außenpolitik. Um sein Endziel – »Lebensraum im Osten« – zu erreichen, war zunächst die Unterwerfung Österreichs und der Tschechoslowakei eine geographisch wie strategisch bedingte Notwendigkeit. Schon vor der letzten Kabinettssitzung am 5. Februar, hatte Hitler General Keitel anvertraut, er plane etwas, worüber Europa »den Atem anhalten« werde. Und schon bald fiel ihm die erste Beute in den Schoß, nicht durch »heißen« Krieg, sondern durch Nervenkrieg, Pressionen, psychologische Manöver und – Bluff.

»Anschluß«

Deutschlands Beziehungen zu Österreich wurden formell bestimmt von der Vereinbarung vom 11. Juli 1936, in der es hieß, daß »die deutsche Reichsregierung die volle Souveränität des Bundesstaates Österreich anerkennt«. Weiter hieß es dort wörtlich: »Jede der beiden Regierungen betrachtet die in dem anderen Lande bestehende innerpolitische Gestaltung einschließlich des österreichischen Nationalsozialismus, als eine innere Angelegenheit des anderen Landes, auf die sie weder unmittelbar noch mittelbar Einwirkung nehmen wird.«

Das Regime des Bundeskanzlers Kurt Edler von Schuschnigg war keinesfalls demokratisch. Die klerikal-faschistische »Vaterländische Front« war als einzige Partei zugelassen, Nazis saßen ebenso in den Gefängnissen wie Sozialisten und Kommunisten. Schuschnigg regierte autokratisch und autoritär. Doch Österreich war in einer schweren Krise, von Deutschland bedrängt, von seinem früheren Freund Mussolini mehr und mehr im Stich gelassen.

Von den Westmächten und schließlich auch vom bisherigen Verbündeten Mussolini im Stich gelassen, setzte Österreichs Bundeskanzler Schuschnigg (Bild) im Frühjahr 1938 alles auf eine Karte: Eine Volksabstimmung »für ein freies Österreich« sollte Hitlers »Anschluß«-Forderungen stoppen. Doch der Einmarsch deutscher Truppen kam dem zuvor

Schon im Januar 1938, noch vor dem Revirement seiner Regierung begann Hitler den Nervenkrieg gegen Österreich. Am 22. Januar wurde Schuschnigg gezielt zugetragen, Hauptmann Josef Leopold, einer der Wiener Naziführer, hätte unlängst vor dem Sekretär des britischen Faschistenführers Sir Oswald Mosley damit geprahlt, die österreichischen Nazis würden im Frühjahr mit Unterstützung des Reiches einen bewaffneten Aufstand durchführen. Am Tag drauf telegraphierte der österreichische Gesandte Tauschitz aus Berlin, Göring habe privat erklärt, im Frühjahr wären die Schwierigkeiten des Reiches bei der Bezahlung österreichischer Rohstoffe beseitigt. Am 26. Januar fand die Wiener Polizei bei einer Razzia in Leopolds Büro Dokumente, die auf einen Staatsstreich im Frühjahr hindeuteten. Hitler feuerte Leopold zwar – ebenso wie er sich 1934 von den österreichischen Putschisten gegen Dollfuß distanziert hatte – aber das Ziel war erreicht: Schuschnigg nervös zu machen.

Am selben Tag, an dem die Razzia die peinlichen Dokumente entdeckte, telegraphierte Neurath nach Wien, Hitler schlage vor, Bundeskanzler Schuschnigg Mitte Februar zu einer Unterredung auf den Berghof einzuladen. Eine solche Zusammenkunft hatte stets zu Schuschniggs Lieblingsideen gehört. Er wolle, wie er sagte, »von Mann zu Mann« mit Hitler sprechen.

Zwar hatte Hitler im Zuge seiner Regierungsumbildung auch Franz von Papen, seinen bisherigen Sonderbotschafter in Wien, abgesetzt, bat ihn jedoch, bis nach dem Treffen mit Schuschnigg noch im Amt zu bleiben und die Begegnung vorzubereiten. Papen gehorchte. Zusammen mit Schuschnigg, dem österreichischen Außenminister Guido Schmidt und Hitlers Beauftragtem Wilhelm Keppler erörterte Papen die Präliminarien und drängte Schuschnigg, die Einladung auf den 12. Februar 1938 unbedingt anzunehmen.

David Irving schreibt: »Hitler bereitete die Zusammmenkunft so sorgfältig vor wie ein Regisseur eine Opernaufführung in Bayreuth«. In die Kasernen auf dem Obersalzberg wurden Angehörige der »Österreichischen Legion« gelegt, junge, aus Österreich geflüchtete Nazis in SS-Uniformen. Zur Begrüßung der österreichischen Delegation an der Treppe zum Berghof ließ Hitler sich von Heeresgeneral Reichenau und Luftwaffengeneral Sperrle begleiten. Hitler hielt sie für zwei seiner »am brutalsten aussehenden Generale«.

Für Schuschnigg ist die europäische Szenerie so grau und kalt wie jener Wintermorgen des 12. Februar. Die europäischen Großmächte scheinen das Interesse an einer Erhaltung der österreichischen Unabhändigkeit immer mehr verloren zu haben. Mussolini, noch vor wenigen Jahren aktivster Garant der Selbständigkeit Österreichs, hat sich eng an Hitler angeschlossen. In England kann sich Außenminister Eden dem Beschwichtigungspremier Chamberlain nicht mehr wirksam wiedersetzen. Frankreich, von schweren innenpolitischen Kämpfen heimgesucht, ist außenpolitisch völlig gelähmt.

Die Zusammenkunft am 12. Februar wird zu einer wohleinstudierten Demütigung und Erpressung der Österreicher. Als der 41jährige Österreicher Schuschnigg dem sieben Jahre älteren Österreicher Hitler in dessen Arbeitszimmer gegenübersitzt, versucht der jüngere zunächst das Gespräch mit einer höflichen Bemerkung einzuleiten:

»Dieser wundervoll gelegene Raum ist wohl schon Schauplatz mancher entscheidender Besprechung gewesen, Herr Reichskanzler?«

Darauf Hitler brüsk: »Wir sind ja nicht zusammengekommen, um von der schönen Aussicht und vom Wetter zu reden!«

Und dann prasselt eine Kanonade von Vorwürfen auf den verstörten Gast nieder. Hier nur ein paar Zitate: »Österreich hat nie etwas getan, was dem deutschen Reich genützt hat. Seine ganze Geschichte ist ein ununterbrochener Volksverrat.« »Ich könnte mich mit viel mehr Recht als Österreicher bezeichnen, als Sie, Herr Schuschnigg!« »Lassen Sie Ihre Befestigungen an den Grenzen beseitigen, sonst schicke ich ein paar Pionierbataillone und lasse den ganzen Mist wegräumen!« Und dann sagt er drohend: »Ich werde diese ganze österreichische Frage lösen, so oder so! Vielleicht bin ich über Nacht auf einmal in Wien, wie der Frühlingssturm! Dann sollen Sie etwas erleben!« Als Schuschnigg nach den konkreten Wünschen Hitlers

UHREN P. LADST
SS-7552

fragt, sagt dieser kalt: »Das werden Sie am Nachmittag erfahren.«

Keine einzige Zigarette darf der Kettenraucher Schuschnigg im Hause des Nichtrauchers Hitler anzünden. Die Entziehungserscheinungen verursachen ihm Schwindel und Übelkeit. Beim anschließenden Mittagessen stochert der österreichische Bundeskanzler lustlos in seinem Essen herum. Dann muß er zwei Stunden in einem kleinen Vorzimmer warten. Schließlich wird er erneut zu Hitler gerufen. Wieder droht der Führer: »Ich habe mich mit dem Gedanken getragen, am 26. Februar in Österreich einzumarschieren, Herr Schuschnigg. Jetzt haben meine Berater mir einen Plan unterbreitet, den ich akzeptiert habe. Dieses Abkommen müssen auch Sie jetzt unterschreiben.« Schuschnigg erhält zwei Schreibmaschinenseiten mit einem Vertragsentwurf. Beim Lesen wird er bleich. Der Entwurf ist ein Ultimatum, die österreichische Regierung praktisch den Nazis auszuliefern. Kernpunkte: Sofortige Aufhebung des Verbots der österreichischen NSDAP. Sofortige Freilassung aller in Haft befindlicher Nationalsozialisten, einschließlich der am Dollfuß-Mord beteiligten. Ernennung des Nazisympathisanten Dr. Seyß-Inquart zum Innen- und Sicherheitsminister. Ernennung von zwei weiteren Nationalsozialisten zu Ministern. Austausch von hundert Offizieren zwischen deutscher Wehrmacht und österreichischem Bundesheer.

Auf die Frage Schuschniggs, ob man jetzt zur Verhandlung schreiten könne, sagt der neue Außenminister Ribbentrop, der Entwurf müsse als Ganzes akzeptiert werden. Und Hitler ruft: »Zu diskutieren gibt es nichts, Herr Schuschnigg. Ich ändere keinen Beistrich. Die Forderungen müssen innerhalb von drei Tagen erfüllt werden. Wenn Sie jetzt nicht unterschreiben, werde ich im Laufe der kommenden Nacht meine Entschlüsse fällen!«

Der Einmarsch deutscher Truppen in Österreich im März 1938 wurde begeistert begrüßt. Deutsche und österreichische Grenzer rissen gemeinsam die Schlagbäume weg. In den Straßen wurden Hakenkreuzfähnchen geschwenkt

Schuschnigg gibt zu bedenken, daß er keine rechtsverbindliche Unterschrift leisten könne. Das stehe nur Bundespräsident Miklas als Staatsoberhaupt zu. Er könne sich nur für die Annahme verwenden. Garantieren könne er die Durchführung nicht.

Hitler: »Das müssen Sie!«

Schuschnigg: »Das kann ich nicht!«

Da reißt Hitler die Tür auf und brüllt: »Keitel!« Als der General erscheint, schickt Hitler seinen Gast hinaus. »Ich lasse Sie dann später rufen!« Zu Keitel sagt Hitler: »Ich will eigentlich gar nichts von Ihnen. Nehmen Sie Platz.« Er habe mit der Komödie nur vor, Schuschnigg »das Zittern zu lehren«.

Draußen im Vorraum spricht Schuschnigg mit seinem Außenminister Dr. Schmidt und mit Papen. Papen will vermitteln, wird aber nicht ins Zimmer gelassen. Außenminister Schmidt sagt: »Ich fürchte, Herr Bundeskanzler, jetzt werden wir beide gleich festgenommen.« Nach zehn Minuten wird Schuschnigg wieder zu Hitler gerufen, anschließend auch Schmidt und Papen. Eingeschüchtert von den Drohungen unterschreibt Schuschnigg mit zitternder Hand das Todesurteil für Österreich. Ein paar geringfügige Änderungen kann Papen noch durchsetzen.

Völlig benommen von dem Erlebten fahren Schuschnigg und Schmidt in Begleitung Papens vom Berghof nach Salzburg. Die Einladung zum Abendessen haben die beiden Österreicher nach der ungeheuerlichen Behandlung durch Hitler abgelehnt. Papen tröstet Schuschnigg: »Ja, so kann der Führer sein. Aber wenn Sie das nächstemal kommen, werden Sie viel leichter miteinander sprechen. Der Führer kann ausgesprochen charmant sein.«

In Wien legt Schuschnigg die Vereinbarung von Berchtesgaden dem Bundespräsidenten Miklas zur Unterschrift vor. Der aber weigert sich, Seyß-Inquart als Innenminister zu berufen oder das österreichische Bundesheer einem Nazisympathisanten anzuvertrauen.

Damit hat Hitler gerechnet. Jetzt setzt er Österreich unter massiven Druck. Über Keitel erhält Abwehrchef Admiral Canaris den Befehl: »Falsche, aber glaubwürdige Nachrichten lancieren, die auf militärische Vorbereitungen gegen Österreich schließen lassen!«

Am 16. Februar gibt Miklas nach. Abends empfängt Hitler in der Berliner Reichskanzlei das diplomatische Korps. Dem österreichischen Gesandten Tauschitz gratuliert er überschwenglich. Die Zeit der Mißverständnisse sei nun vorbei. Niemand könne mehr zwischen Deutschen Zwietracht sähen.

Doch aus Wien hört Hitler durch seine Informationsdienste – Görings »Forschungsamt« und Ribbentrops Nachrichtendienst – auch andere Töne. Schuschnigg und Guido Schmidt hätten »ihr Gleichgewicht wiedergefunden«. Schuschnigg habe im privaten Kreis erklärt, in Österreich wäre ein Mann wie Hitler längst in ein Sanatorium gesperrt worden.

Durch Görings »Forschungsamt« erfährt Hitler, daß Schuschniggs neugewonnener Trotz von britischen Kreisen unterstützt wird. In der britischen Presse erscheinen Artikel über die »Erpressung von Berchtesgaden«.

Am 24. Februar ruft Schuschnigg vor dem österreichischen Bundestag: »Österreich wird niemals freiwillig seine Unabhängigkeit aufgeben! Rot-Weiß-Rot bis in den Tod!«

Während seiner Rede besetzen in Graz Tausende von Nazis den Rathausplatz, reißen die österreichische Flagge herunter und hissen die Hakenkreuzfahne. Die Polizei rührt keinen Finger.

Jetzt beginnt in Österreich auch das wirtschaftliche Chaos. Ausländer lösen ihre Konten auf, ausländische Firmen annullieren ihre Verträge, der Tourismus versiegt. In seiner Verzweiflung bittet Schuschnigg die seit Jahren unterdrückten Sozialisten und die Gewerkschaften um Hilfe. Die Sozialisten sind sogar bereit, gemeinsam mit dem Klerikal-Faschisten Schuschnigg die Unabhängigkeit Österreichs zu verteidigen. Doch es ist zu spät. Unter einem Nazi als Innenminister dürfen die Sozialisten sich nicht organisieren. In der Provinz halten die Nationalsozialisten schon überall die Schlüsselstellungen. Vor hundert deutschen Offizieren, die gemäß dem Berchtesgadener Abkommen als »Gastinstrukteure« nach Österreich kommandiert werden, sagt Hitler: »Sie haben dafür zu sorgen, daß die österreichische Armee nicht kämpft!«

Dichthalling

Am 7. März schickt Schuschnigg den österreichischen Militärattaché in Rom mit einem Brief zu Mussolini: »Angesichts der Ereignisse werde ich zu einer Volksabstimmung Zuflucht nehmen müssen.« Der Duce rät ab. Ihm scheint an einem selbständigen Österreich nicht mehr viel gelegen zu sein. Jetzt muß Schuschnigg allein handeln. Am Abend des 9. März kündigt er für den kommenden Sonntag, den 13. März, eine Volksabstimmung an: Ja oder Nein »für ein freies und deutsches, unabhängiges und soziales, für ein christliches und einiges Österreich«.

Eine »demokratische« Volksabstimmung ist nicht vorgesehen. Auf den Stimmzetteln sollen Name und Anschrift der Wahlberechtigten angegeben werden. Die Stimmzettel sollen nicht in Wahllokalen, sondern bei den Funktionären der »Vaterländischen Front« abgegeben werden. Schuschnigg ordnet an, daß niemand unter 24 Jahren wählen darf. Er weiß: Die Nazis stützen sich vor allem auf die Jugend. (Ribbentrops Staatssekretär von Weizsäcker nannte Schuschniggs Vorhaben im privaten Kreis eine »schlechte Kopie« von Hitlers eigenen Abstimmungstaktiken.)

Schuschnigg verliert das Rennen

Dennoch ist Hitler beunruhigt. Die Abstimmung kann wegen des ganzen Wahlmodus für Schuschnigg erfolgreich verlaufen. Das muß aus optischen Gründen verhindert werden. An diesem Tag faßt Hitler den Entschluß, Österreich noch vor dem Tag der Volksabstimmung militärisch zu besetzen.

Ribbentrop hält sich in London auf, um sich als bisheriger Botschafter zu verabschieden. Hitler schickt dessen Privatsekretär Reinhard Spitzy mit einem Brief nach London. Ribbentrop soll unverzüglich berichten, welche Maßnahmen England

Am Abend des 13. März hielt Hitler vom Balkon des Rathauses in Linz eine Rede an die Bevölkerung. Hinter ihm General Heinz Guderian, dessen Panzer die Straßen des Alpenvorlandes füllten, und Österreichs frischgebackener Bundeskanzler Arthur Seyß-Inquart (mit Brille), der schon in der alten Regierung als Innenminister kräftig den »Anschluß« hatte vorbereiten helfen im Falle eines Einmarsches ergreifen würde. Aus von Görings »Forschungsamt« dechiffrierten Telegrammen hat Hitler erfahren, daß Frankreich eine Intervention anstrebt, um Österreichs Souveränität zu schützen, sofern ein Einvernehmen mit England und Italien erreicht wird. Doch Lord Halifax, der Nachfolger Edens, lehnt eine Garantie von Österreichs Souveränität ab.

Am 10. März vormittags teilt Hitler Keitel seine Entscheidung mit, der Einmarsch solle in zwei Tagen beginnen. Doch da stellt sich heraus, daß das Heer gar nicht vorbereitet ist. Generalstabschef Beck: »Es sind keine derartigen Pläne vorhanden.« Bestenfalls könne er zwei Korps und einige Panzer- und Reserveinfanteriedivisionen mobil machen. Für den Einmarsch nach Österreich möchte Beck keine Verantwortung übernehmen.

Trotzdem arbeitet der Generalstab rasch und sicher. Um 18.30 Uhr am 10. März gehen die Mobilmachungsbefehle hinaus.

Am nächsten Tag kehrt Spitzy aus London mit einer beruhigenden Erklärung Ribbentrops zurück: »Grundsätzlich bin ich überzeugt, daß England gegenwärtig von sich aus nichts unternehmen will, sondern beruhigend auf die anderen Mächte einwirken würde.«

In der Reichskanzlei beginnt eine fieberhafte Aktivität. Hitler bekommt plötzlich Angst vor der eigenen Courage.

Was geschieht, wenn italienische Truppen über den Brenner rücken? Was geschieht, wenn tschechoslowakische Divisionen die Grenzen überschreiten? Am Nachmittag des 11. März schickt Hitler Prinz Philipp von Hessen im Sonderflugzeug mit einem Brief an Mussolini nach Rom. Er teilt ihm die bevorstehende Aktion mit, bittet – ja bettelt – um Verständnis. »Sehen Sie in diesem Vorgehen nichts anderes als einen Akt nationaler Notwehr und daher eine Handlung, die jeder Mann von Charakter an meinem Posten in der gleichen Weise vollbringen würde . . . Was auch immer die Folge der nächsten Ereignisse sein möge, ich habe eine klare deutsche Grenze gegenüber Frankreich gezogen und ziehe jetzt eine ebenso klare gegenüber Italien. Es ist der Brenner.«

Dann veranlaßt Hitler Hermann Göring, dem tschechoslowakischen Gesandten Mastny gegenüber sein Ehrenwort zu verpfänden, daß Deutschland weder jetzt noch in Zukunft irgend etwas gegen die Unabhängigkeit der ČSR unternehmen werde. Nach einem Telefonat mit Prag versichert der Gesandte, die ČSR werde im Falle eines deutschen Einmarsches nach Österreich nicht mobil machen. Mit Frankreich gibt es keine Schwierigkeiten. Das Land ist seit dem 2. März wieder einmal ohne Regierung.

Am Morgen des 11. März bestellt Goebbels die Chefredakteure der deutschen Presse zu sich. Sein Mitarbeiter Alfred-Ingemar Berndt weist die Journalisten an: »Die österreichischen Vorgänge müssen heute stärker aufgemacht werden, die Boulevardblätter mit Schlagzeilen, die politischen Tageszeitungen zweispaltig.« General Brauchitsch ist seit dem Morgen ständig in der Reichskanzlei. Hitler ordnet an, daß auch drei SS-Regimenter an der Aktion teilnehmen sollen. Damit bricht er sein Versprechen vom Juli 1934, daß nach der Entmachtung der SA künftig die Reichswehr »der einzige Waffenträger der Nation« sein solle. Die »vierte Waffengattung«, die Waffen-SS, ist geboren. Doch sie untersteht nicht dem Oberkommando der Wehrmacht, sondern Heinrich Himmler persönlich. Die Generäle lassen es sich gefallen, als Hitler ihnen zusagt, die Regimenter sollten von Heeresinstrukteuren praktisch befehligt werden.

Um 5.30 Uhr morgens am 11. März wird Bundeskanzler Schuschnigg vom österreichischen Polizeichef Dr. Skubl geweckt. Er hat alarmierende Nachrichten. Die Deutschen haben die Grenzen geschlossen; der gesamte grenzüberschreitende Eisenbahnverkehr ist stillgelegt. Von den Grenzen werden Truppenbewegungen gemeldet. Um 10 Uhr erscheint Innenminister Seyß-Inquart beim Bundeskanzler und verlangt nach Instruktionen aus Berlin die Absetzung der Volksabstimmung. Schuschnigg zögert. Er glaubt noch immer, daß Hitler blufft. Polizeichef Skubl muß ihm gestehen, daß die Regie-

Zum Bild auf den beiden folgenden Seiten: Auf dem Wiener Heldenplatz meldete der ehemalige österreichische Staatsbürger Hitler am 15. März 1938 »den Eintritt meiner Heimat in das deutsche Reich«. Der »Anschluß« war vollzogen

rung sich nicht mehr auf die von Nazis unterwanderte Polizei verlassen kann. Nach anderthalbstündiger Beratung mit dem Bundespräsidenten gibt Schuschnigg nach: die Volksabstimmung wird abgesetzt. Seyß-Inquart telefoniert nach Berlin: Schuschnigg hat kapituliert.

Aber das genügt jetzt nicht mehr. Göring sagt zu Seyß-Inquart, Schuschnigg habe das Berchtesgadener Abkommen einseitig gebrochen. Er müsse nun zurücktreten. Um 15.05 Uhr erscheint Seyß-Inquart mit einem Zettel in Schuschniggs Arbeitszimmer am Ballhausplatz. Er liest ab, was Hermann Göring ihm soeben durchtelefoniert hat: »Die Lage ist nur zu retten, wenn der Bundeskanzler sofort zurücktritt und bis 17.30 Uhr Dr. Seyß-Inquart von Bundespräsident Miklas zum neuen Bundeskanzler ernannt worden ist. Bei fruchtlosem Fristablauf erfolgt der Einmarsch der deutschen Truppen in Österreich, um wieder ›verfassungsmäßige Zustände‹ herzustellen.«

Auf seinem Weg zum Bundespräsidenten überlegt Schuschnigg: soll er an die Massen appellieren, das Heer marschieren lassen, die Welt um Hilfe rufen? Als er in Miklas' Zimmer tritt, wird gerade ein Telegramm aus Rom hereingebracht. Es enthält Mussolinis eindeutige Absage, sich für Österreichs Unabhängigkeit einzusetzen: »Die italienische Regierung erklärt, wenn sie befragt wird, in der gegenwärtigen Lage keinen Rat erteilen zu können.« Mit Hilfe von außen ist also nicht mehr zu rechnen. Schuschnigg tritt zurück. Anschließend eilt er ins Rundfunkhaus und hält eine letzte Ansprache an die Bevölkerung: »Wir weichen der Gewalt. Gott schütze Österreich!«

Nur noch einen Fels gibt es in der Brandung. Bundespräsident Wilhelm Miklas. Er weigert sich beharrlich, Seyß-Inquart zum Bundeskanzler zu ernennen. Aber Hitler und Göring brauchen für den Umsturz in Österreich den Schein der Legalität. Seyß-Inquart soll nämlich, sobald er neuer Bundeskanzler ist, das folgende bereits in Berlin vorbereitete Telegramm »absenden«: »Die provisorische österreichische Regierung, die nach der Demission der Regierung Schuschnigg ihre Aufgabe darin sieht, Ruhe und Ordnung in Österreich wiederherzustellen, richtet an die deutsche Regierung die dringende Bitte, sie in ihrer Aufgabe zu unterstützen und ihr zu helfen, Blutvergießen zu verhindern. Zu diesem Zweck bittet sie die deutsche Regierung um baldmöglichste Entsendung deutscher Truppen.« Die Empfehlung zur Vorbereitung dieses Telegramms ist von Ex-Außenminister von Neurath und Staatssekretär von Weizsäcker gekommen. Diese Diplomaten alter, konservativer Schule wissen, daß ein Truppeneinmarsch, der »auf Wunsch« einer legal amtierenden Regierung erfolgt, keine Aggression ist. Doch um diesen »Wunsch« offiziell äußern zu können, muß Seyß-Inquart erst einmal Bundeskanzler sein. Und Miklas ernennt ihn einfach nicht. Österreich ist seit etwa 16 Uhr ohne legale amtierende Regierung. Da die Telefonzentrale der Reichskanzlei völlig überlastet ist und Gespräche entweder nicht zustande kommen oder zusammenbrechen, hat Göring in Hitlers Auftrag die öffentliche Telefonzelle im Wintergarten der Reichskanzlei für sich mit Beschlag belegt. Von hier aus führt er Dauergespräche mit Wien, mit Seyß-Inquart, mit Keppler, mit dem deutschen Militärattaché Generalleutnant Muff.

17.26 Uhr. Göring telefoniert mit Seyß-Inquart. »Also Sie gehen jetzt sofort mit dem Generalleutnant Muff zum Bundespräsidenten und sagen ihm: wenn er nicht unverzüglich die Forderungen annimmt, dann erfolgt heute nacht der Einmarsch der deutschen Truppen auf der ganzen Linie und die Existenz Österreichs ist vorbei. Sagen Sie ihm, es gibt keinen Spaß jetzt. Der Miklas soll Ihnen die Bundeskanzlerschaft übertragen. Also bis 19.30 Uhr Meldung! Der Generalleutnant Muff soll mit hingehen. Wenn der Miklas das nicht in vier Stunden kapiert, muß er es jetzt eben in vier Minuten kapieren!«

Aber Miklas will nicht mitspielen. Er will Seyß-Inquart nur zum Vizekanzler machen. Göring tobt.

20.48 Uhr. Göring telefoniert mit Staatssekretär Keppler (Keppler teilt ihm mit, Miklas habe die gesamte Regierung aufgelöst und dem Bundesheer befohlen, keinen Widerstand zu leisten.) Göring: »Nun passen Sie auf: die Hauptsache ist, daß der Seyß-Inquart sich jetzt der ganzen Regierung bemächtigt, Rundfunk besetzt hält, und passen Sie auf: die Grenzen muß er besetzen lassen, damit die da nicht mit dem Vermögen abschieben. Er soll jetzt eine provisorische Regierung bilden. Ist ja ganz egal, was der Bundespräsident sagt. Der Seyß-Inquart führt ja jetzt auch die Außenpolitik. Er soll die Regierung bilden, wie er das vorgehabt hat und das dem Ausland mitteilen ... Also unsere Truppen überschreiten heute nacht die Grenze ... Und das Telegramm möchte er möglichst bald schikken ... Ach, sagen Sie ihm, er braucht das Telegramm gar nicht zu schicken, er braucht nur zu sagen: Einverstanden!« (Seyß-Inquart selbst hat das erwähnte Telegramm nie zu Gesicht bekommen.)

21.00 Uhr. Görings Stabschef General Bodenschatz telefoniert mit Staatssekretär Keppler: »Ich brauche dringend das Telegramm!«

Keppler: »Sagen Sie dem Generalfeldmarschall, daß Seyß-Inquart einverstanden ist!«

Bodenschatz: »Das ist hervorragend. Ich danke Ihnen! ... Also Seyß-Inquart ist einverstanden?«

Keppler: »Jawohl!«

Das also war die »Absendung« des berühmten »telegrafischen Hilfeersuchens«. Jetzt hatte der vorgesehene Einmarsch einen Anstrich von Legelität erhalten.

Und um 22.30 Uhr weiß Hitler, daß Mussolini die Besetzung Österreichs durch deutsche Truppen wohlwollend hinnehmen wird. Hitler sagt am Telefon, außer sich vor Freude zu Sonderbotschafter Prinz Philipp von Hessen: »Sagen Sie bitte Mussolini, ich werde ihm das nie vergessen! Nie, nie, nie! Es mag sein, was wolle. Wenn die österreichische Sache jetzt aus dem Weg geräumt ist, bin ich bereit, mit ihm durch dick und dünn zu gehen.« (Zwei Tage später schickt Hitler folgendes Telegramm an Mussolini: »An seine Exzellenz den italienischen Ministerpräsidenten und Duce des faschistischen Italiens Benito Mussolini. Mussolini, ich werde Ihnen dieses nie vergessen! Adolf Hitler.« Mussolinis Antwort: »Hitler – Wien:

Die verhinderte Volksabstimmung der alten österreichischen Regierung wurde nach dem »Anschluß« unter nationalsozialistischer Aufsicht nachgeholt. Das Propagandaplakat aus der Werkstatt des Dr. Goebbels zählt die außenpolitischen Erfolge Adolf Hitlers auf

Zug um Zug zerriß
Adolf Hitler
das Diktat v. Versailles!
1933
Deutschland verläßt den Völkerbund von Versailles!
1934
Der Wiederaufbau der Wehrmacht, der Kriegs-marine und der Luftwaffe wird eingeleitet!
1935
Saargebiet heimgeholt!
Wehrhoheit des Reiches wiedergewonnen!
1936
Rheinland vollständig befreit!
1937
Kriegsschuldlüge feierlich ausgelöscht!
1938
Deutsch-Oesterreich dem Reiche angeschlossen!
Großdeutschland verwirklicht!
Darum bekennt sich ganz Deutschland am 10. April
zu seinem Befreier
Adolf Hitler
Alle sagen:
Ja!
Herausgeber: Traditionsgau München-Oberbayern

Meine Haltung ist bestimmt von der in der ›Achse‹ besiegelten Freundschaft zwischen unseren beiden Ländern. Mussolini.«)

Das Wohlwollen Mussolinis ist besonders wichtig für die Militärs, die wenige Stunden vor dem Einmarsch die schlimmsten Befürchtungen wegen der Tschechen und Italiener haben. Brauchitsch macht einen verzweifelten Eindruck. Beck sieht grün und grau im Gesicht aus. General von Viebahn, Chef der Operationsabteilung im OKW (Vorgänger Jodls) erleidet in seinem Büro einen Nervenzusammenbruch und demoliert die Einrichtung.

Im Morgengrauen des 12. März – wieder hat Hitler einen Samstag für seinen Coup gewählt – überschreiten deutsche Soldaten die Grenze nach Österreich. Sie werden von jubelnden Menschenmengen empfangen. Die österreichischen Soldaten denken nicht nur nicht an Widerstand, sondern schließen sich ihnen an. Kein italienischer, kein tschechischer Soldat überschreitet die Grenze. Die britische und französische Regierung überreichen durch ihre Botschafter lediglich einen »energischen Protest«. Das ist alles.

Gegen 16 Uhr überquert Hitler bei Braunau die Grenze, besucht seinen Geburtsort, fährt weiter nach Linz, wo er Seyß-Inquart, den neuen Bundeskanzler, trifft. Am Nachmittag des nächsten Tages fährt er nach Leonding zum Grab seiner Eltern.

Und erst an diesem 13. März hat Hitler, so David Irving nach Auswertung bisher unbekannter Unterlagen, den Entschluß gefaßt, Österreich völlig dem Reich anzugliedern. Bis dahin hatte er ein autonomes Österreich geplant, dem Reich unter seiner Präsidentschaft lediglich durch Personalunion verbunden. Doch die Sympathiebekundungen der Bevölkerung überwältigen ihn. Am 13. März abends meldet ihm Seyß-Inquart, das neue österreichische Kabinett habe dem Anschluß an das Reich zugestimmt. Noch am gleichen Abend wird das »Gesetz über die Wiedervereinigung Österreichs mit dem Deutschen Reich« unterzeichnet.

Am 14. März hielt Hitler seinen triumphalen Einzug in Wien. In einer Geste bemerkenswerter Servilität bat Kardinal Innitzer, der Erzbischof von Wien, die Kirchenglocken läuten zu dürfen und von den Kirchentürmen Hakenkreuzfahnen wehen zu lassen. Nachmittags nahm Hitler auf der Tribüne gegenüber der Hofburg auf dem Wiener Heldenplatz die ekstatischen Huldigungen seiner neuen Untertanen entgegen: »Ein Volk, ein Reich, ein Führer!« Bis auf die Engländer und Franzosen kamen alle in Wien akkreditierten Botschafter, Gesandten und Geschäftsträger. Am Abend bezog der Mann, der vor Jahrzehnten in Wiener Obdachlosenasylen genächtigt hatte, eine Suite im Hotel Imperial.

Nach der Euphorie der Märztage folgte für Österreich bald der Katzenjammer: die exilierten österreichischen Nationalsozialisten kamen zurück, triumphierend und rachsüchtig. Die SS errichtete ein Regime des Terrors gegen alle politischen Gegner, vor allem aber gegen die jüdischen Bürger. Wien sank herab auf den Status einer Provinzhauptstadt. Selbst sein Name wurde dem Land genommen. Der Begriff »Österreich« wurde ausgelöscht. Von nun an hieß das neuerworbene Gebiet »Ostmark«.

Wie stets nach vollendeten Tatsachen, ließ Hitler auch hier seine Aktion durch eine »Volksabstimmung« absegnen. Das amtliche Ergebnis am 10. April 1938: 99,75 Prozent »Ja«-Stimmen.

In der Nacht zum 16. März verließ Hitler Wien im Flugzeug, um nach Berlin zurückzukehren. In seinem Buch »Hitlers Weg zum Krieg« schildert David Irving eine bemerkenswerte und überaus bezeichnende Szene, die ihm Keitels damaliger Adjutant berichtet hat: »Nach einer Weile beugte sich Hitler zum Gang vor (Keitel saß rechts von Hitler, auf der anderen Seite des Ganges). Keitels Adjutant, der hinter beiden saß, bemerkte, daß Hitler einen zerknitterten Zeitungsausschnitt vorzeigte, den er seit dem Abflug von Wien in der Hand gehalten hatte. Er hatte ihn aus einer Morgenzeitung herausgerissen. Es handelte sich um eine Kartenskizze mit den neuen Grenzen des Reiches. Die Tschechoslowakei, deren Gebiet schraffiert war, war nunmehr nahezu gänzlich von deutschem Territorium eingeschlossen. Hitler legte die linke Hand auf die Kartenskizze, so daß sein Zeigefinger und Daumen die neuen Reichsgrenzen mit der Tschechoslowakei bildeten. Sodann blinzelte er Keitel zu und bewegte langsam Zeigefinger und Daumen gegeneinander.«

Sechs Wochen nach Görings Ehrenwort gegenüber dem ČSR-Gesandten Mastny bespricht Hitler mit Keitel den »Fall Grün«, wie der Deckname des Operationsplanes für einen Überraschungsangriff auf die Tschechoslowakei lautet. Und im »Großdeutschen Rundfunk« erklingt täglich eine neue Platte, von Goebbels aufgelegt: »Der Egerländer Marsch«. Hitlers nächstes Ziel ist die Tschechoslowakei.

Die »Sudetenkrise«

Zunächst ein historischer Prolog:

1918: Nach dem Auseinanderbrechen der österreich-ungarischen Monarchie entstand in Mitteleuropa ein neues Staatsgebilde, die Tschechoslowakische Republik. Auf ihrem Gebiet lebten 6,5 Millionen Tschechen, 3,25 Millionen Deutsche, 3 Millionen Slowaken, 700 000 Ungarn, 400 000 Ruthenen, 70 000 Polen. Die Chance, eine Kantonalsverfassung nach Schweizer Modell mit weitgehender Autonomie für die einzelnen Sprachgruppen zu schaffen, wurde versäumt. Nur den Slowaken wurde – widerstrebend – eine gewisse Autonomie zugebilligt. Die übrigen Völker galten als »Minderheiten«, mit allen bürgerlichen Rechten, nicht aber als Staatsvolk.

Im Laufe der Jahre wurde das Verhältnis der 3,25 Millionen Deutschen zur tschechoslowakischen Republik versöhnlicher. Ihre Parteien arbeiteten im Parlament mit. Sie stellten Minister in der Prager Regierung. Ihre Forderung blieb zwar: mehr Autonomie, stärkere Berücksichtigung ihrer sprachlichen und kulturellen Rechte. Aber sie stand, von wenigen Ausnahmen abgesehen, loyal zur Unteilbarkeit der Republik.

Winston Churchill gehörte zu den schärfsten Kritikern der britischen Beschwichtigungspolitik gegen Hitler. Das Bild zeigt ihn im Oktober 1940 bei Verabschiedung des amerikanischen Botschafters Joseph Kennedy, dem Vater des späteren US-Präsidenten J. F. Kennedy

1933: Als in Deutschland Hitler die Macht übernahm, steckte die ČSR noch in der schlimmsten Phase der Weltwirtschaftskrise. Besonders die von der deutschen Minderheit bewohnten Industriegebiete wurden zu Notstandsregionen. Aus Prag kam keine wirksame Hilfe. Die Sudetendeutschen begannen, den tschechoslowakischen Parteienstaat zu verachten. Hitlers Deutschland übte eine immer stärker werdende Anziehungskraft auf die Sudetendeutschen aus. Unter der Führung des Turnlehrers Konrad Henlein wurde die Sudetendeutsche Partei (SdP) gegründet. Noch war ihr Ziel nicht »Anschluß«, sondern »Autonomie«. Aber Hitler versuchte gezielt, die Sudetendeutschen unter seine Regie zu bringen. Finanzielle Unterstützung floß über die Grenze. Vom Außenministerium. Vom Außenpolitischen Amt und der Auslandsorganisation der NSDAP. Vom Volksdeutschen Rat und der Volksdeutschen Mittelstelle. Organisationen, die Hitlers Stellvertreter Rudolf Heß unterstanden. Innerhalb weniger Monate eroberte die SdP die Mehrheit der sudetendeutschen Stimmen.

1938: Die SdP war die stärkste Partei in der gesamten ČSR. Und Henleins Partei, seit drei Jahren von Berlin gelenkt, war bereit, das zu tun, was Hitler verlangte. Henlein, der »biedere und anständige deutsche Turnlehrer«, wie Staatsgründer Thomas Masaryk ihn einmal nannte, war Hitlers »Statthalter«, seine Partei Hitlers trojanisches Pferd zur Zerstörung der ČSR geworden. Der Vorhang zur Tragödie hob sich.

28. März 1938: In Berlin verhandelt Hitler drei Stunden lang mit Konrad Henlein hinter verschlossenen Türen. Weitere Gesprächsteilnehmer sind Rudolf Heß, SS-Gruppenführer Lorenz von der »Volksdeutschen Mittelstelle« und Außenminister Ribbentrop. Hitler deutet an, daß er die tschechische Frage in »nicht allzu langer Zeit« lösen wolle. Dann gibt er Henlein zwei Anweisungen: die SdP muß der tschechischen Regierung eine Reihe von Forderungen stellen, die nach außen hin maßvoll und vernünftig klingen, aber für die Tschechen unannehmbar sind. Henlein muß so viel fordern, daß er nicht zufriedengestellt werden kann. Zweitens soll Henlein seine Verbindungen nach London dahingehend nutzen, daß die Briten sich einer Einmischung enthalten.

Am gleichen Tag unterzeichnet Keitel eine Anweisung an das Heer, die den Ausbau der wichtigsten Donaubrücken und der von Österreich an die tschechoslowakische Grenze führenden Straßen betrifft. Drei Tage später teilt Generalstabschef Beck dem Befehlshaber der 7. Armee, General von Leeb, mit, seine Armee sei im »Fall Grün« dazu ausersehen, von Österreich aus gegen die Tschechoslowakei vorzugehen. Leeb inspiziert darauf die österreichische-tschechische Grenze von einem Ende bis zum anderen.

Am 12. März fährt Konrad Henlein zu Besprechungen mit Sir Robert Vansittart nach London. Hitlers und Ribbentrops Weisungen an Henlein lauten: »Leugnen Sie ab, daß Sie auf Weisung von Berlin handeln. Geben Sie den Briten zu verstehen, daß der Führer lediglich Gerechtigkeit für seine Volksgenossen in der ČSR will.«

Die Mission ist erfolgreich. Aus London kabelt der deutsche Botschafter Dirksen, der Nachfolger Ribbentrops: »Lord Halifax hat mir mitgeteilt, er werde in Kürze einen entsprechenden Schritt in Prag unternehmen, durch den erreicht werden soll, daß Präsident Beneš den Sudetendeutschen das höchstmögliche Entgegenkommen zeigt.«

Inzwischen hat Henlein in einer Rede in Karlsbad ein Acht-Punkte-Programm für die Deutschen in der ČSR gefordert. Neben der vollen Gleichberechtigung und Gleichrangigkeit der deutschen Volksgruppe wird gefordert: »Volle Freiheit des Bekenntnisses zum deutschen Volkstum *und zur deutschen Weltanschauung.*« (Hervorhebung vom Autor.) Die »deutsche Weltanschauung« aber ist der Nationalsozialismus. In einem weiteren Punkt wird gefordert: »Beseitigung des dem Sudetendeutschtums seit 1918 zugefügten Unrechts und Wiedergutmachung der ihm durch dieses Unrecht entstandenen Schäden.«

Die Regierung in Prag gibt zu verstehen, sie sei zu Verhandlungen bereit. Doch Hitler ist an Verhandlungen nicht gelegen. Sie könnten ja unter Umständen zu einer Einigung führen und den Konfliktstoff, den er braucht und weiter pflegen will, aus der Welt schaffen. Am 17. Mai verlangt Hitler präzise Auskünfte über die »Tschechische Maginotlinie« im Sudetenland.

Die denkwürdige Kongreßrede: Der Führer fordert

Selbstbestimmung für die Sudetendeutschen

Der Führer hat gesprochen

Noch nie ist eine der Schlußansprachen, mit denen der Führer regelmäßig die Nürnberger Parteitage zu beendigen pflegt, mit größerer Spannung erwartet worden wie am

Adolf Hitler nimmt die Sudetendeutschen unter seinen Schutz

Eine leidenschaftliche Anklage gegen das Unrecht an unseren deutschen Brüdern – Schluß mit der Unterdrückung – Den Sudetendeutschen soll Recht und Hilfe werden – Höhepunkt und gewaltiger Ausklang des Reichsparteitages

Arbeiterpartei ihr Ziel verfocht und alle Kompromisse ablehnte, allmählich zu einem tiefen Haß führte, so tief, daß unsere bürgerliche Parteienwelt lieber bereit war, sich mit dem Marxismus zu verbinden, als der Nationalsozialistischen Partei auch nur die leiseste Anerkennung auszudrücken oder gar

Neville Chamberlain auf dem Obersalzberg

Aufn.: Presse-Hoffmann

Der Besuch auf dem Berghof

Umfassender Meinungsaustausch – Die Besprechungen werden fortgesetzt

Letzte Warnung an Prag

Deutschland duldet keinen neuen 21. Mai

Provozierende Maßnahmen des Kriegstreibers Benesch

Karlsbad, 15. Sept.

Die Einziehung von Reservisten in der Tschecho-Slowakei hat am Mittwoch und Donnerstag solche Formen angenommen, daß in vielen Betrieben schon mehr als die Hälfte des Personals zum

Im Gebiet Rumburg, Teplitz, Mährisch-Ostrau und Warnsdorf sind viele Straßen durch spanische Reiter und quergestellte Wagen gesperrt und gesichert. Sappeure sind dabei, die Straßen aufzureißen und die Sprengkammern an den Brücken zu laden.

bei Mittachau, Graslitz, Falkenau, Karlsbad und Eger, wobei das letztere ganz besonders stark besetzt ist.

In die Sperrmauer der Talsperre von Aussig sind Sprengkapseln eingesetzt worden. Da die Talsperre durch die schweren Regen-

Jetzt ist es genug!

Die ganze Welt blickt heute auf den Obersalzberg. Der Besuch des Premierministers des englischen Weltreiches bei dem Staatsoberhaupt des Deutschen Reiches stellt in der Tat ein Ereignis dar, dessen hochpolitische Bedeutung überall auf der Welt erkannt worden ist. Die Reise Chamberlains erfolgte in einem Augenblick, in dem die Lage unserer sudetendeutschen Brüder unter dem Blutterror der tschechischen

Nach der Mobilmachurg der Tschechenarmee

Panik in der Tschecho-Slowakei

Verzweiflungsvolle Herausforderung

Massendemonstration – Kundgebungen gegen die Kriegstreiber – Scharfe Pressezensur

Der Führer spricht!

Am Montagabend große Volkskundgebung im Berliner Sportpalast. Ein Aufruf Dr. Goebbels'. Gemeinschaftsempfang im ganzen Reich.

Berlin, 25. September

Der Reichspropagandaleiter der nationalsozialistischen Bewegung, Reichsminister Dr. Goebbels, gibt bekannt:

Am Montag, den 26. September, abends 8 Uhr, findet im

Sportpalast in Berlin

eine große Volkskundgebung statt.

Der Führer spricht!

Die Entscheidung über Krieg oder Frieden liegt bei Prag

Mussolini: „Wenn aber die Demokratien fortfahren, Reservisten einzuberufen, die Grenzen zu verstärken und ihre Flotte zusammenzuziehen, so ist es klar, und niemand von uns wird sich wundern, daß auch Italien solche Maßnahmen ergreifen wird."

Wir sind entschlossen!

Herr Benesch mag jetzt wählen

Adolf Hitler: „Ich gehe meinem Volk jetzt voran als sein erster Soldat und hinter mir – das mag die Welt wissen – marschiert jetzt ein Volk, und zwar ein anderes als das Volk vom Jahre 1918!"

Freitag, 20. Mai 1938: Ein Wochenende beginnt, das die Hauptstädte Europas in Angst und Schrecken versetzt. Auch Hitler ist verblüfft und konsterniert: Die Regierung der ČSR verkündet eine Teilmobilmachung und beruft Reservisten ein. Von der Grenze in Sachsen waren Präsident Beneš deutsche Truppenbewegungen gemeldet worden. Im Sudetenland kommt es zu Schießereien zwischen Angehörigen der deutschen Volksgruppe und tschechischer Polizei. Im Radio und in den Zeitungen läßt Goebbels großaufgemachte Meldungen über den »Tschechenterror« gegen die Sudetendeutschen verbreiten.

Hitler hat für diesen Zeitpunkt keinen Angriff geplant. Die deutsche Armee bereitet zwar den »Fall Grün« vor, ist aber noch nicht kriegsbereit. Die tschechische Mobilmachung beunruhigt den Führer. Da schickt Lord Halifax ihm eine persönliche Botschaft mit der beschwörenden Bitte, »den Frieden zu bewahren«, so, als hätte Berlin und nicht Prag mobilisiert.

Aus den Berichten von Görings »Forschungsamt« weiß Hitler, daß Frankreich mobilisieren wird, falls deutsche Truppen jetzt die Grenzen überschreiten sollten. Gleichzeitig betont Ministerpräsident Daladier dem deutschen Botschafter gegenüber, Frankreich würde niemals den »Einbruch von Kosaken- und Mongolenhorden« nach Europa dulden. Eine deutliche Warnung an Rußland, sich aus dem deutsch-tschechischen Konflikt herauszuhalten.

Und jetzt spielt Hitler die Rolle des zutiefst Beleidigten und Mißverstandenen. Die Meldungen über deutsche Truppenbewegungen haben sich als Irrtum erwiesen. Prag muß das eingestehen. Berlin prangert die tschechische Mobilmachung als »unerhörte Provokation« an. Und staunend nimmt Hitler plötzlich das Wohlwollen eines Mannes zur Kenntnis, mit dessen Wohlwollen er nie gerechnet hätte. In einem Zeitungsartikel

Schlagzeilen aus dem »Völkischen Beobachter« vom September 1938 dokumentieren den Nervenkrieg, der wegen des Sudetenlandes angezettelt wurde. Die Presseanweisungen des Propagandaministers legten als »Gesamttendenz« der Berichterstattung fest: »Dieser Staat (die Tschechoslowakei) ist eine Schande für Europa. Er muß von der Bildfläche verschwinden«

schreibt Winston Churchill: »Ohne die Anwaltschaft durch ein stark gerüstetes Deutschland könnte den sudetendeutschen Beschwerden niemals abgeholfen werden.«

Dennoch ist Hitler nach jenem Wochenende voll Zorn und Frustration. Gewöhnt daran, andere zu übertölpeln, fühlt er sich jetzt selber übertölpelt. Die größte Gefahr sieht er darin, daß Prag jetzt unter britischem Druck eine vorteilhafte Lösung der Autonomiefrage für die Sudetendeutschen akzeptieren könnte. Das aber würde ihm die »moralische Rechtfertigung« für eine weitere Hetze gegen die ČSR nehmen.

Die deutsche Presse wird gezielt in den Dienst von Hitlers Außenpolitik gestellt. Am 10. Juni gibt Hans Fritzsche, der Mitarbeiter von Goebbels, folgende Weisung an die Chefredakteure der Medien heraus: »Verschärfung (der Kommentare) geboten. Die Prager Staatsführung fühlt sich ähnlich wie Rotspanien als Vorposten der Sowjetunion und gibt ein Glacis für das Vordringen des Bolschewismus in Mitteleuropa. Die wirtschaftlichen Belastungen im sudetendeutschen Gebiet sind von dem Gesichtspunkt aus zu betrachten, daß man sagt, hier sei die Absicht am Werk, das Gebiet zu verelenden, damit es für den Kommunismus reif werde.«

Vor einer Konferenz der Minister und der Generalität im größeren Kreis sagt Hitler nach dem Ende der Mai-Krise: »Es ist mein unerschütterlicher Wille, daß die Tschechoslowakei von der Landkarte verschwindet.« Er habe lediglich deshalb nicht auf die tschechische Mobilmachung reagiert, weil die Wehrmacht zur Zeit noch nicht in der Lage sei, die tschechischen Befestigungen einzunehmen. In den kommenden Monaten müsse zunächst das deutsche Volk psychologisch auf den Krieg vorbereitet werden.

7. Juli 1938: Gesteuert von Berlin, legt Henleins SdP der Prager Regierung ein Memorandum vor, das ultimativ die Neuordnung der ČSR durch eine Kantonalisierung nach dem Muster der Schweiz fordert. Beneš lehnt ab. Er fürchtet die Auflösung der Republik. Und jetzt spielt Hitler vor der Weltöffentlichkeit Beneš den Schwarzen Peter zu. Auf einer Massenkundgebung in Stettin am 12. Juni läßt er seinen Stellvertreter Rudolf Heß sagen: »Die Tschechoslowakei, die nur

Der sudetendeutsche »Selbstschutz«, ausgerüstet und ermuntert von NS-Ämtern, provozierte eine Kette von Auseinandersetzungen mit der tschechischen Polizei und Armee – Grund für Hitler, vor der Weltöffentlichkeit den »Terror der hussitischen Mordbanditen« anzuprangern

dank der Lüge von Versailles existiert, ist der Gefahrenherd für den Frieden Europas geworden. Dieser Staat ist offensichtlich nicht in der Lage, Ruhe und Ordnung innerhalb seiner Grenzen zu halten.«

Diese Sprache findet in London das erwartete Echo. Um ein »zutreffendes Bild der Probleme zu gewinnen«, sendet Premierminister Chamberlain den bekannt deutschfreundlichen liberalen Politiker Lord Walter Runciman als Beobachter in die ČSR. Auch Konrad Henlein wird in London nochmals zu einem längeren Gespräch empfangen.

Während in London und Prag fieberhafte Aktivität herrschte, trieb Hitler die militärischen Vorbereitungen voran. Am 30. Mai unterzeichnete er die endgültige OKW-Anweisung zum »Fall Grün«. Die Anweisung enthielt noch keinen endgültigen Angriffstermin, doch hatte Keitel angeordnet, daß die Wehrmacht sich ab 1. Oktober bereithalten sollte. Die Strategie zielte auf eine Vernichtung der ČSR binnen vier Tagen, vom »Tage X« an gerechnet. Die Überwindung des tschechischen Widerstandes sollte so rasch erfolgen, daß die Alliierten nicht mehr eingreifen könnten. Canaris' Abwehr hatte herausgefunden, daß Frankreich zur Mobilmachung mindestens vier Tage benötigte. Hier die Kernpunkte des deutschen Generalstabsplanes: 1. Tag: Eine »5. Kolonne« aus sudetendeutschen Freischaren legt die Kommunikationszentren lahm. Die Befestigungen werden von der Luftwaffe bombardiert. 2. Tag: Kommandotruppen in tschechischen Uniformen besetzen wichtige Brücken und strategische Punkte zwischen den Befestigungen und der Grenze. 3. Tag: Motorisierte Heereseinheiten verstärken die Kommandotruppen. 4. Tag: Die an der Grenze bereitstehenden Divisionen rücken vor und besetzen die Befestigungen. Ein motorisierter Verband und die 2. Panzerdivision stoßen ins Zentrum der ČSR vor und versuchen Prag zu besetzen.

Als Hitler von Lord Runcimans Mission erfährt, reagiert er gereizt. Zu Fritz Bürger, dem Berliner Verbindungsmann Henleins, sagt er: »Was haben sich die Engländer bei euch einzumischen? Sie sollen sich lieber um ihre Juden in Palästina kümmern!« Seine größte Sorge: Runciman könnte eine Kompromißlösung mit den Tschechen erreichen. Wie er aus den Berichten von Görings »Forschungsamt« erfahren hat, wollen die Briten Beneš dazu drängen, Henleins »Karlsbader Acht Punkte« vollständig anzuerkennen. Das aber würde Hitlers Konzept empfindlich stören.

Am 1. September erscheint Henlein auf dem Berghof, um sich weitere Instruktionen zu holen. Durch die überaus wohlwollende Haltung Londons und Prags Verhandlungsbereitschaft ist er verunsichert. Hitler gibt ihm ganz offen zu verstehen, daß er weiterhin eine kriegerische Lösung anstrebt. Henlein solle sich von den Briten nicht austricksen lassen. Er solle zum Schein mit Prag weiterverhandeln.

5. September: Präsident Beneš ruft die beiden sudetendeutschen Führer Kundt und Sebekovsky in den Hradschin. Er

fordert sie auf, ihre gesamten Forderungen schriftlich zu fixieren. »Wie immer sie beschaffen sein mögen«, sagt Beneš, »ich werde sie erfüllen.« Entsetzt sagt Karl Hermann Frank, Henleins Stellvertreter: »Mein Gott, sie haben uns ja alles zugestanden!« Hitler gibt Order, »hinhaltend« zu taktieren.

In seiner Schlußkundgebung am 12. September auf dem Nürnberger Reichsparteitag ruft Hitler (obgleich Beneš gerade gesagt hat, daß er alle Forderungen erfüllen will): »Das Elend der Sudetendeutschen ist ein namenloses. Sie sind aber weder wehrlos noch verlassen!« Um den Westmächten von vornherein jede Lust zum Eingreifen zu nehmen, bezeichnet Hitler den gerade in Bau genommenen Westwall (das deutsche Gegenstück zur französischen Maginotlinie) als »das gigantischste Befestigungswerk aller Zeiten«. Hinter dieser Front aus Stahl und Beton steht das deutsche Volk in Waffen!«

Am Tag darauf bricht im Sudetenland ein Aufstand aus. Die Prager Regierung verkündet Ausnahmezustand und Kriegsrecht und setzt Truppen ein. Die Verhandlungen der SdP-Führer mit Beneš werden abgebrochen. Konrad Henlein flieht nach Bayreuth und erläßt eine Proklamation: »Jetzt gibt es als Lösung nur noch die Abtretung des Sudetenlandes an Deutschland!«

Wieder gibt Goebbels der deutschen Presse gezielte Anweisungen, um die öffentliche Meinung »auszurichten«: »Die Presse muß die Tendenz verbreiten: Es ist nicht vorstellbar, daß ein friedliches Zusammenleben der Volksgruppen im gleichen Staat möglich ist. Die militärischen Maßnahmen der Tschechoslowakei in allen Meldungen groß aufmachen. Flüchtlingselend groß zeigen. Berichten, daß viele Haus und Hof im Stich gelassen haben, daß kranke Menschen, hochschwangere Frauen und kleine Kinder sich im letzten Augenblick vor der tschechischen Soldateska retten konnten. Appell an die Welt, solche Zustände nicht länger zu dulden. Gesamttendenz: Dieser Staat ist eine Schande für Europa ... Meine Herren Chefredakteure, Sie sind die schwere Artillerie des Reiches. Sie müssen die Stellung sturmreif schießen. Es darf keine Zeitung ohne ganz große Aufmachung erscheinen.«

Inzwischen aber mußte Hitler die Opposition innerhalb der

Wehrmacht gegen eine kriegerische Lösung beseitigen. Anfang August hatte eine an Meuterei grenzende Zusammenkunft ranghoher Generale stattgefunden. Generaloberst Beck hatte seine neue, gegen den Krieg gerichtete Denkschrift vorgetragen und die geschlossene Opposition des Heeres gefordert. Er sei überzeugt, daß England und Frankreich eingreifen würden. Hitler war gegenteiliger Auffassung. Beck nahm seinen Abschied. Sein Stellvertreter General Halder wurde neuer Chef des Generalstabes. Hitler hatte sich bei der Generalität – jedenfalls zu einem gewissen Grade – abermals durchgesetzt.

Jetzt ließ Hitler ein ganz an die Adresse der Westmächte gerichtetes Säbelrasseln vorführen. Als der Oberkommandierende der französischen Luftwaffe, General Joseph Vuillemin, auf Einladung Görings Einrichtungen der Luftwaffe in Deutschland inspizierte, bauten Göring und sein Generalfeldzeugmeister Erhard Milch raffiniert einen »Türken« nach dem anderen. Prototypen von Kampfflugzeugen wurden der französischen Delegation als »Serienprodukte« vorgestellt. Alle verfügbaren Me 109 und Me 110 wurden während der Rundreise der Franzosen gezielt von einem Militärflugplatz zum anderen geflogen. David Irving schreibt: »Die Besucher teilten danach Paris mit, daß die französischen Luftstreitkräfte der deutschen Luftwaffe nur wenige Tage standhalten könnten. Hitler wird davon zweifellos aus den Aufzeichnungen des Forschungsamtes erfahren haben.«

Enttäuscht war Hitler darüber, daß er Ungarn nicht dazu bringen konnte, sich an der Aktion gegen die ČSR zu beteiligen. Staatsoberhaupt und Reichsverweser Admiral Horthy, Kriegsminister Ràtz und Außenminister Kànya ließen Hitler höflich wissen, daß Ungarn erst ab 1940 frühestens kriegsbereit sei. Dabei hatte Hitler den Ungarn die größten Versprechungen auf territorialen Gewinn gemacht. Nicht nur die Karpato-Ukraine sollte ihnen zufallen, sondern auch die slowakische

Generalstabschef Ludwig Beck (hier im Gespräch mit dem französischen Militärattaché 1936) bereitete mit anderen hohen Offizieren während der Sudetenkrise die Entmachtung Hitlers vor. Das Einlenken der Westmächte jedoch machte die Staatsstreichpläne zunichte

Hauptstadt Preßburg, die alte ungarische Krönungsstadt, in der Maria Theresia zur Königin von Ungarn gekrönt worden war und die Ungarn im Friedensvertrag von St. Germain an die neugegründete Tschechoslowakei verloren hatte.

Als der sudetendeutsche Aufstand ausbricht, beschwört der französische Ministerpräsident Daladier seinen britischen Kollegen Chamberlain, sich sofort mit Hitler in Verbindung zu setzen. In den späten Abendstunden des 13. September übergibt der britische Botschafter in Berlin dem Staatssekretär von Weizsäcker einen dringenden Brief des britischen Premiers an Adolf Hitler: »Im Hinblick auf die zunehmend kritische Lage schlage ich vor, sofort zu Ihnen herüberzukommen, um zu versuchen, eine friedliche Lösung zu finden. Ich schlage vor, auf dem Luftwege zu kommen, und bin morgen zur Abreise bereit. Teilen Sie mir bitte den frühesten Zeitpunkt mit, zu dem Sie mich empfangen können, und geben Sie mir den Ort der Zusammenkunft an. Ich wäre für eine sehr baldige Antwort dankbar.«

Chamberlain bei Hitler

Um 14.30 Uhr am 14. September liegt die Zusage aus Berlin vor. Hitler kann Chamberlains Angebot aus optischen Gründen nicht gut ausschlagen. Dennoch ärgert er sich, daß ihm die Initiative kurzfristig entglitten ist. Er fürchtet sogar, der britische Premier könnte ihm die ernstgemeinte Warnung überbringen, England werde kämpfen. Görings »Forschungsamt« hört die Telefonate zwischen Jan Masaryk, dem tschechoslowakischen Botschafter in Paris, und Präsident Beneš ab. 21.50 Uhr. Masaryk: »Haben Sie schon gehört von Chamberlain?« Beneš: »Nein.« Masaryk: »Er fliegt morgen nach Berchtesgaden.« Beneš entsetzt: »Das ist nicht möglich!«

David Irving hat dieses Telefonat in seinem Buch »Hitlers Weg zum Krieg« zum erstenmal veröffentlicht. Masaryk teilt Beneš mit, Chamberlain werde von William Strang begleitet, einem verläßlichen Freund der ČSR, aber auch »von der Sau«

Sir Horace Wilson, wie Masaryk den britischen Politiker wegen dessen Deutschfreundlichkeit zu nennen beliebt.

Donnerstag, 15. September: Im Morgengrauen verläßt Premierminister Neville Chamberlain seine Residenz in der Londoner Downingstreet No. 10. Zum erstenmal in seinem Leben besteigt der 69jährige ein Flugzeug. Nach stürmischem Flug, der dem Premier Übelkeit verursacht, landet er gegen Mittag in München. Von dort aus fährt Chamberlain mit der Eisenbahn nach Berchtesgaden. Während der dreistündigen Fahrt sieht er Züge mit Truppen und Geschützen auf einem Nebengleis. Um 17 Uhr – Chamberlain ist seit über 12 Stunden auf den Beinen – empfängt Hitler den greisen britischen Premier auf der Treppe zum Berghof. Fotografen haben diese Szene festgehalten. Hitler steht zwei Stufen höher als der Engländer. Die Szene ist menschlich ebenso taktlos wie politisch wohlkalkuliert.

Der alte Herr trägt den berühmt gewordenen Regenschirm, einen dunklen Gehrock, ein Hemd mit steifem »Vatermörderkragen«, eine helle Krawatte und eine Uhrkette über der Weste.

Nach ein paar höflichen Einleitungsfloskeln zeigt Hitler sofort die Krallen: »Ich werde einen Weltkrieg nicht scheuen. Die Grenze des Erträglichen ist jetzt erreicht. Nichts mehr kann mich in meinem Entschluß wankend machen!« Bitter antwortet Chamberlain: »Wenn Sie, Herr Reichskanzler, entschlossen sind, die Sache mit Gewalt zu regeln, warum haben Sie mich dann überhaupt kommen lassen? Ich habe nur meine Zeit vergeudet und werde am besten sofort wieder nach London zurückreisen.«

Hitler wird verlegen. Er lenkt ein. Er merkt, daß er mit Chamberlain nicht umspringen kann wie mit Schuschnigg. Im weiteren Verlauf der Unterredung bringt er den britischen Premier dahin, zuzugestehen, daß die Sudetendeutschen ihrem Willen gemäß ans Reich kommen sollen. Chamberlain sagt, er müsse nur sein eigenes und das französische Kabinett für diese Lösung gewinnen, sei aber voller Hoffnung. Er werde zu einer weiteren Besprechung wieder nach Deutschland kommen. Hitler, in gezielter Arroganz, macht nicht einmal den Vorschlag, vielleicht selber nach England zu reisen, um dem gebrechlichen alten Herrn die Strapazen einer neuen Flugreise zu ersparen.

Chamberlain bittet Hitler um sein Wort, bis zu einer neuen Begegnung keine militärischen Maßnahmen zu treffen. Hitler sagt zähneknirschend zu.

Nach London zurückgekehrt, sagt Chamberlain über Hitler: »Ich hatte den Eindruck, einen Mann vor mir zu haben, auf dessen Wort man sich verlassen kann!« Am selben Tag schreibt Mussolini im »Popolo d'Italia«: »Beneš hat das Rennen verloren.«

Chamberlains Besuch hat das Getriebe des Falles »Grün« zunächst zum Stocken gebracht. Es sieht so aus, als würde Hitler seinen Krieg nicht bekommen. Trotzdem ist Hitler nach den Aufzeichnungen von Staatssekretär von Weizsäcker nach der Unterredung »sehr aufgeräumt«.

Vom »heißen« Krieg Abstand zu nehmen, hat Hitler sich zunächst durch sein Wort Chamberlain gegenüber verpflichtet. Doch den »Nervenkrieg« führt er nicht nur unvermindert, sondern verstärkt weiter. Mit Unterstützung der SS und der Wehrmacht bildet Konrad Henlein in Bayreuth ein Freikorps, die »Sudetendeutsche Legion«. Am 17. September besetzt die Legion die grenznahen Städte Eger und Asch. Freischärler sikkern in das übrige Sudetenland ein. Ihr Auftrag: »Das Land in Gärung halten. Zwischenfälle provozieren, die Menschen zum Äußersten treiben.«

Und Goebbels heizt die deutsche Presse weiter an. Die Ausdrucksweise des Propagandaministers wird betont militärisch: »Die Zeitungen, die bisher nur mit guten 7,5-cm-Geschützen geschossen haben, sollen sich erinnern, daß es auch 21-cm-Geschütze gibt. Der Welt muß allmählich plausibel gemacht werden, daß dieser Staat (die ČSR) unmöglich ist.«

Aufgeputscht von Berlin, verlangt am 21. September Polen eine Volksabstimmung in Tschechisch-Teschen, wo eine starke polnische Minderheit lebt. Polnische Truppen marschieren im Grenzgebiet auf. Ungarn setzt Truppen an die Grenze zur Slowakei und zur Karpato-Ukraine in Marsch.

Sudetendeutsche Flüchtlinge im Lager Brunndobra, eine Aufnahme vom 15. September 1938. Das Flüchtlingselend, von Hitler bewußt geschürt, diente ihm als Vorwand, die ČSR anzuklagen

In Europa herrscht Hochspannung.

Die Schlagzeile des »Völkischen Beobachters« vom 16. September lautet: »Die Zeit der Kompromisse ist vorbei!« Um seinen Nervenkrieg noch rabiater zu gestalten, setzt Hitler auf das »Sudetendeutsche Freikorps«. Admiral Canaris erhält den Bescheid, daß seine Sabotagetruppe zunächst keine Terroranschläge von deutschem Boden aus machen sollen. Hitler will England und Frankreich gegenüber die Rolle des »verantwortungsbewußten Staatsmannes« wahren. Den sudetendeutschen Freischärlern werden Wehrmachtsoffiziere und kampferprobte SA-Führer als Instrukteure zugeteilt. Sie werden mit Karabinern und Uniformen ausgerüstet und im Schutz der Dunkelheit auf tschechoslowakisches Gebiet transportiert. Das OKW teilt den Freischärlern den Oberstleutnant Friedrich Köchling als Verbindungsoffizier zu. Das »Freikorps«, das inzwischen auf 15 000 Mann angewachsen ist, hat folgende Aufgaben: tschechische Grenzposten anzugreifen, Grenzpatrouillen zu überfallen, terroristische Unternehmen durchzuführen.

Auf dem Berghof hat Chamberlain versprochen, nach Deutschland zurückzukehren, sobald das britische Kabinett und die französische Regierung der Abtretung des Sudetenlandes an Deutschland zugestimmt haben. Inzwischen hat auch Lord Runciman empfohlen, Präsident Beneš zur Abtretung aller Gebiete zu veranlassen, die einen deutschen Bevölkerungsanteil von mehr als 75 Prozent haben. Chamberlain geht noch weiter: er empfiehlt die Abtretung aller Gebiete mit einem deutschen Bevölkerungsanteil von mehr als 50 Prozent. Der französische Premierminister Daladier fliegt mit Außenminister Georges Bonnet nach London, um die gemeinsame Haltung mit Chamberlain auszuhandeln. Die tschechische Regierung wird zunächst völlig im unklaren gelassen. Auf jeden Fall sind sowohl England als auch Frankreich bereit, Präsident Beneš die

Am 15. September 1938 gewann Hitler die erste Runde in seinem Spiel um die Tschechoslowakei: Großbritanniens Premierminister Chamberlain kam zu ihm auf den Obersalzberg und verhandelte

Abtretung der sudetendeutschen Gebiete zu diktieren, um so den Frieden in Europa zu wahren.

Am 20. September häufen sich die Meldungen über Schießereien im Sudetenland. Der »Völkische Beobachter« meldet: »Prag setzt planmäßig Mordbanden ein!« Tschechische Heeresverbände werden zur Grenze verlegt. Die Krise spitzt sich zu.

Hitler nimmt sein Werben um Ungarns Beteiligung wieder auf. Aus den abgehörten Telefonaten weiß er, daß weder England noch Frankreich daran interessiert sind, wegen des Sudetenlandes Krieg zu führen. Auf dem Berghof erklärt er dem ungarischen Ministerpräsidenten Imrédy und Außenminister Kànya, daß Beneš die von London und Paris diktierten Bedingungen nicht annehmen wird. Das bedeutet die Zerschlagung der Tschechoslowakei. Ungarn solle sich beteiligen und die Gebiete mit einer ungarischsprachigen Bevölkerung annektieren. Die beiden ungarischen Politiker zeigen sich »interessiert«. Sobald sie den Berghof verlassen haben, trifft der polnische Gesandte Jozef Lipski ein. Er meldet Besitzansprüche seines Landes auf das Gebiet um Teschen an und erklärt, seine Regierung werde auch »vor Gewaltanwendung nicht zurückschrecken«.

21. September, 2 Uhr morgens: Der britische und der französische Gesandte in Prag suchen gemeinsam Präsident Beneš auf und beschwören ihn, die Vorschläge Chamberlains und Daladiers zu akzeptieren, »bevor er eine Situation herbeiführe, für die weder Frankreich noch Großbritannien eine Verantwortung übernehmen könne«. Die beiden Diplomaten drohen, daß die beiden Westmächte anderenfalls die Tschechoslowakei völlig preisgeben müßten. Die einzige theoretische Hoffnung für die Tschechoslowakei besteht darin, daß in England die Regierung Chamberlain, in Paris die Regierung Daladier gestürzt wird. Aber das sind utopische Hoffnungen, an die sich nur Beneš und sein Pariser Botschafter Masaryk klammern.

22. September 1938: Premierminister Chamberlain trifft mit der britischen Delegation, zu der wiederum »die Sau« Sir Horace Wilson gehört, auf dem Flughafen Köln-Wahn ein. Die Briten werden ins Hotel Petersberg gebracht. Hitler wohnt auf der anderen Seite des Rheins im Rheinhotel Dreesen, das einem

Kriegskameraden von ihm gehört. Jedesmal, wenn Chamberlain zu Hitler will, muß er die Fähre benutzen.

Das erste Treffen findet im Rheinhotel Dreesen statt. Chamberlain bringt, wie er meint, eine ausgezeichnete Nachricht für Hitler: »Die Regierungen Englands, Frankreichs und der Tschechoslowakei sind mit der Abtretung des Sudetenlandes an Deutschland einverstanden. Ihre Forderung von Berchtesgaden, Herr Reichskanzler, wird erfüllt werden.«

Hitler sitzt dem britischen Premier mit einem Pokergesicht gegenüber. Dann läßt er die Bombe platzen. Mit ernster Stimme sagt er: »Es tut mir sehr leid, Mr. Chamberlain, aber das geht jetzt nicht mehr!«

Chamberlain ist wie vor den Kopf geschlagen. Sein Gesicht rötet sich vor Überraschung und Ärger. »Ich darf doch mit Recht feststellen, Herr Reichskanzler, daß Sie von mir bekommen haben, was Sie forderten. Ich habe, um dies zu erreichen, meine politische Laufbahn aufs Spiel gesetzt.«

Hitler erklärt, jetzt seien auch Ungarn und Polen um ihre Minderheiten in der ČSR besorgt. Er müsse jetzt darauf bestehen, daß die deutsche Wehrmacht die deutschsprachigen Gebiete der ČSR ohne weitere Verhandlungen und ohne Verzug besetze. Bei einer Verzögerung würde die tschechische Regierung die deutsche Bevölkerung weiter terrorisieren.

Chamberlain erwidert zornig, Hitler habe sein Wort gebrochen. Es bleibe ihm jetzt nichts weiter übrig als abzureisen. Verschnupft fährt die britische Delegation mit der Fähre ins Hotel Petersberg zurück. Hitler hingegen findet noch Muße, sich über Kleidungsfragen Gedanken zu machen. Die Briten waren in bequemen Flanell- oder Tweed-Anzügen erschienen, während Hitler und sein Gefolge in Uniform oder »Stresemann« am Verhandlungstisch saßen. Nach der Konferenz sagte Hitler tadelnd zu Botschafter Henderson: »Wenn ich noch einmal von Leuten im saloppen Anzug besucht werde, schicke ich meinen Botschafter in London im Pullover oder in der Strickjacke zu Ihrem König. Melden Sie das bitte Ihrer Regierung.«

Trotz des frostigen Eingangsgesprächs am 22. September sind die Briten nicht abgereist. Zwischen dem Rheinhotel Dreesen und dem Hotel Petersberg wechseln ständig Kuriere mit

Memoranden über den Rhein. Am 23. September um 22 Uhr abends ist Chamberlain wieder bei Hitler. Eine halbe Stunde später bringt ein Bote die Nachricht: »Präsident Beneš hat soeben über den tschechoslowakischen Rundfunk die Gesamtmobilmachung bekanntgegeben.«

Hitler erhebt sich und erklärt, damit sei die Angelegenheit nun wohl erledigt. Mr. Chamberlain müsse einsehen, daß es jetzt nichts mehr zu verhandeln gäbe. Auch Chamberlain erhebt sich bedrückt und will sich verabschieden. Und da rettet Ribbentrop die Situation. Er schlägt vor, die englischen Verhandlungspartner sollten doch zumindest noch das von Hitler vorbereitete Memorandum lesen. Man nimmt wieder Platz.

Im Memorandum steht: »Die Tschechen müssen in zwei Tagen mit der Räumung der gesamten abzutretenden Gebiete beginnen und diese bis zum 28. September abgeschlossen haben.« Chamberlain: »Aber das ist ja ein Diktat!« Hitler: »Aber ich bitte Sie, hier steht ›Memorandum‹!« Schließlich läßt Hitler sich herbei, den Termin auf den 1. Oktober zu verschieben. Hitler: »Mr. Chamberlain, Sie sind der einzige, dem ich bislang ein Zugeständnis gemacht habe.« Chamberlain erklärt, er werde das »Memorandum« kommentarlos Prag zuleiten. Hitler: »Dies ist meine absolut letzte territoriale Forderung in Europa.« Chamberlain: »Auf Wiedersehen, Herr Reichskanzler!«

In London erstattet Chamberlain dem Kabinett Bericht. In einem Telefonat mit Beneš, das vom »Forschungsamt« abgehört wird, erklärt Jan Masaryk: »Der Deutsche muß den Onkel (Chamberlain) derartig fertiggemacht haben, daß er nur noch lallen konnte!«

Beneš läßt den Mobilmachungsbefehl bestehen. Und jetzt reagieren auch England und Frankreich. Frankreich ordnet eine Teilmobilmachung an. Einheiten der britischen Flotte laufen mit unbekanntem Ziel aus.

In der Sudetenkrise brauchte Hitler sich nicht zu bemühen; Europas Staatsmänner kamen zu ihm. Oben: Briten-Premier Chamberlain in Bad Godesberg 22./23. September. Unten: Frankreichs Ministerpräsident Daladier, eingerahmt von Hitler und Mussolini im Braunen Haus in München, 29. September 1938

Am 25. September lehnen Großbritannien, Frankreich und die ČSR Hitlers Godesberger »Memorandum« ab. Sir Horace Wilson eilt nach Berlin und beschwört Hitler, direkte Verhandlungen mit Prag aufzunehmen. Dank der Berichte des »Forschungsamtes« weiß Hitler bereits von diesen Bestrebungen und schenkt »der Sau« reinen Wein ein, daß er über alle Telefonate zwischen Prag, London und Paris informiert ist. Sir Horace wird bei dieser Eröffnung totenbleich. So offen hat noch kein Politiker über seine nachrichtendienstlichen Erkenntnisse gesprochen. Für den wohlerzogenen Engländer ist es schockierend, daß ein Gentleman zugibt, anderer Leute Briefe zu lesen oder deren Telefonate zu belauschen. Gewiß, so etwas gehört zur Politik, aber man redet doch nicht davon!

Dem britischen Botschafter Henderson teilt Hitler mit, er werde Beneš bis Mittwoch, dem 28. September, Zeit lassen, die Vorschläge von Godesberg zu akzeptieren, und zwar bis 14 Uhr.

Das britische Außenministerium erklärt offiziell, ein deutscher Angriff auf die ČSR werde unverzüglich zur Folge haben, daß Frankreich zu Hilfe kommen werde. In diesem Falle würden sich sowohl England als auch Rußland vertragsmäßig hinter Frankreich stellen. Lord Rothermere, der Hitler stets mit Wohlwollen gegenüberstand, sendet ein privates Telegramm an den Führer und drängt ihn, sein Blatt nicht zu überreizen.

Am Abend des 26. September hält Hitler eine Rede im Berliner Sportpalast. Unter dem stürmischen Beifall der Zuhörer ruft er: »Und nun steht vor uns das letzte Problem, das gelöst werden muß und gelöst werden wird! Es ist die letzte territoriale Forderung, die ich in Europa zu stellen habe, aber es ist die Forderung, von der ich nicht abgehe, und die ich, so Gott will, erfüllen werde ... Ich habe Herrn Benesch ein Angebot gemacht, das nichts anderes ist, als die Realisierung dessen, was er selbst schon zugesichert hat. Er hat jetzt die Entscheidung in seiner Hand! Frieden oder Krieg! Er wird entweder dieses Angebot akzeptieren und den Deutschen jetzt endlich die Freiheit geben, oder wir werden diese Freiheit uns selbst holen!«

Am 27. September morgens kommt Sir Horace Wilson abermals zu Hitler und versucht ihn zu beschwichtigen. Ohne

Erfolg. Hitler gibt eine schriftliche Anweisung an Keitel, die Truppen der ersten Angriffswelle sollten Stellung beziehen, von wo aus sie am 30. September eingreifen könnten. Der endgültige Angriffsbefehl werde am »Tag X minus 1« um Mittag erteilt werden. Im Westen werden fünf Divisionen in Alarmbereitschaft versetzt. Durch Berlin fährt eine motorisierte Division, vor allem für die Augen der Auslandskorrespondenten gedacht.

Am Abend meldet der deutsche Militärattaché aus Paris, Frankreich werde am 6. Mobilmachungstag über 65 kampfbereite Divisionen im Westen verfügen. Am nächsten Morgen berichtet der deutsche Militärattaché aus London, König Georg VI. habe bereits den Mobilmachungsbefehl unterzeichnet. Es müsse lediglich das Datum eingesetzt werden. Generalstabschef Halder erleidet einen Nervenzusammenbruch mit Weinkrämpfen. General Brauchitsch, der Oberbefehlshaber des Heeres, teilt Hitler kühl und sachlich mit, das Deutsche Reich sei nicht in der Lage, einen Zweifrontenkrieg zu führen. Eine Intervention der Westmächte sei aber so gut wie sicher. Die Stimmung in der Bevölkerung ist denkbar schlecht. Von Begeisterung ist nichts zu spüren. Die Menschen haben Angst.

In London werden Luftschutzgräben ausgehoben, Schulkinder evakuiert, Krankenhäuser geräumt. In Paris stürmen Reisende die überfüllten Züge. Autokolonnen versperren die Ausfallstraßen. Jeder glaubt, daß heute, am 28. September 1938, der Krieg beginnt.

Was Hitler in diesen dramatischen Augenblicken nicht weiß: wenn der Krieg beginnt, dann wäre das nicht Deutschlands, aber sein, Hitlers Ende. Eine starke und einflußreiche Gruppe der Wehrmacht hat alles zu einem Militärputsch in der »Stunde X« vorbereitet. Auch Generalstabschef Halder ist Mitglied der Verschwörung. Sobald Hitler den Angriffsbefehl gegeben hat, will er die Verschwörer, darunter Ex-Generalstabschef Beck und General von Witzleben, benachrichtigen. Der Kommandeur der Potsdamer Garnison, General von Brockdorff-Ahlefeld, will mit seinen Truppen in Berlin einmarschieren und das Regierungsviertel besetzen. Hitler soll verhaftet und vor Gericht gestellt werden, wegen leichtfertiger Gefährdung des

deutschen Volkes. Doch der Putsch findet nicht statt – weil der Krieg nicht stattfindet.

Um 11.30 Uhr, zweieinhalb Stunden vor Ablauf des Ultimatums, erreicht Hitler ein Schreiben von Chamberlain: »Ich kann nicht glauben, daß Sie die Verantwortung übernehmen wollen, einen Weltkrieg zu beginnen, welcher die Zivilisation beenden mag, wegen einer Verschiebung um wenige Tage zur Beilegung dieses lange anstehenden Problems.« Chamberlain hat gleichzeitig einen Brief an Mussolini gerichtet mit dem Aufruf,

Zur Konferenz von München Ende September 1938 gab es »großen Bahnhof«. An der Spitze deutsch-italienischer Militärs marschieren (von links) Göring, Italiens Außenminister Ciano, Hitler und Mussolini

zu vermitteln und sich an einer Konferenz zu beteiligen, »die alle unsere Völker vor dem Krieg bewahren wird.« Großbritannien würde garantieren, schreibt Chamberlain an den Duce, daß die tschechischen Verpflichtungen eingehalten werden.

Um 11.40 Uhr stürzt der italienische Botschafter Attolico unangemeldet ins Arbeitszimmer Hitlers. Mussolini bittet Hitler, von einer Mobilmachung abzusehen. Er habe die Zusage der Regierungschefs von England und Frankreich, unverzüglich zu einer Konferenz nach Deutschland zu kommen, um alle strittigen Fragen zu regeln. Er bitte Hitler, ihn sofort anzurufen.

Während Hitler mit Mussolini telefoniert, steht Chamberlain vor dem Unterhaus und gibt einen trockenen Bericht über die Regierungsarbeit während des vergangenen Sommers.

Konferenz in München

Um 15.15 Uhr trifft im Londoner Foreign Office eine Botschaft von Henderson aus Berlin ein. Hitler lade den Premierminister zu einer Konferenz nach München für den kommenden Tag ein. Daladier und Mussolini würden ebenfalls anwesend sein. Staatssekretär Sir Alexander Cadogan schickt die Nachricht an Lord Halifax. Lord Dunglass erscheint im Unterhaus und gibt sie an Sir Samuel Hoare weiter. Der gibt sie Sir John Simon und dieser legt sie dem Premierminister vor. Chamberlain fährt in seiner Rede fort. Sir John zupft ihn am Ärmel, deutet auf den Zettel, Chamberlain liest. Der Premier springt auf, bittet um Ruhe, gibt die Nachricht dem Hause bekannt. Alle Abgeordneten, einschließlich jener der Opposition, erheben sich und applaudieren. Königinmutter Mary sitzt auf der Zuschauertribüne. Ihr Kommentar: »Ein so wundervoller Tag – Gott sei gelobt!«

Am nächsten Morgen empfängt Hitler in der bayrischen Hauptstadt, wo er seine politische Karriere in Bierwirtschaften und Kaffeehäusern begonnen hat, die Regierungschefs und Außenminister Englands, Frankreichs und Italiens. Die Hauptbeteiligten, um deren Schicksal es geht, die Vertreter der ČSR, sind zur Konferenz nicht zugelassen. Sie sitzen untätig in einer Suite des Regina-Palast-Hotels und warten auf das Urteil. Die Tschechen sind es inzwischen gewohnt, nicht gefragt zu werden. Nach dem Besuch Chamberlains in Berchtesgaden und den anschließenden englisch-französischen Vorschlägen hatte die Regierung der ČSR das folgende verbitterte Memorandum nach London und Paris geschickt: »Durch die Umstände gezwungen und auf äußerstes Drängen der französischen und englischen Regierung akzeptiert die Regierung der tschechoslowakischen Republik mit Bitternis die französisch-englischen Vorschläge ... Die Regierung der tschechoslowakischen Republik konstatiert mit Betrübnis, daß sie bei der Ausarbeitung dieser Vorschläge nicht einmal vorher befragt wurde ...«

Auch heute, in München, wo am Königsplatz, wenige hundert Meter vom Hotel entfernt, über ihr Schicksal entschieden wird, werden sie nicht konsultiert.

29. September 1938: Um 9.30 Uhr holt Hitler seinen Verbündeten Mussolini mit dem Sonderzug in Kiefersfelden an der ehemaligen deutsch-österreichischen Grenze ab. Gemeinsam begeben sich die beiden Diktatoren nach München, wo inzwischen Ministerpräsident Daladier eingetroffen ist. Bei Sandwiches und Bier wartet man auf Chamberlain. Die Konferenz verläuft spannungslos. Das Ergebnis steht von vornherein fest. Daladier und Hitler tauschen Erinnerungen aus dem Stellungskrieg in Frankreich aus. Chamberlain berichtet in einer Pause von seinen Angelpartien am Weekend.

Eine gewisse Gereiztheit kommt erst auf, als Hitler fordert, die Deutschland zu übergebenden Gebiete müßten *unverzüglich* geräumt werden, während Chamberlain sich auf einen Zeitplan versteift. Schließlich, in den frühen Morgenstunden des nächsten Tages, einigt man sich auf einen Stufenplan. Um 2 Uhr morgens wird das Münchner Abkommen unterzeichnet. Nach der Unterzeichnung erinnert man sich an die tschechoslowakische Delegation, die noch immer ohne Nachricht im Hotel wartet. Chamberlain und Daladier begeben sich schließlich ins Regina, überreichen den Vertretern Mastny und H. Masarik eine Kopie des Abkommens zusammen mit einer Landkarte und empfehlen in dürren Worten, das Abkommen zu akzeptieren.

Am nächsten Tag trifft Chamberlain Hitler noch einmal in dessen Privatwohnung in der Äußeren Prinzregentenstraße. Er unterbreitet ihm ein Dokument, das Hitler sofort und voller Genugtuung unterzeichnet. Es hat folgenden Wortlaut:

»Wir, der deutsche Führer und Reichskanzler und der britische Premierminister, haben heute eine weitere Zusammenkunft gehabt und stimmen darin überein, daß die Frage der englisch-deutschen Beziehungen von vorrangiger Wichtigkeit für die beiden Länder und für Europa ist. Wir betrachten das vergangene Nacht geschlossene Abkommen und das englisch-deutsche Flottenabkommen als Symbol für den Wunsch unserer beiden Völker, niemals mehr gegeneinander in den Krieg zu ziehen. Wir haben beschlossen, daß die Methode der Konsultation angewandt werden soll, um alle weiteren Fragen zu behandeln, die unsere beiden Länder angehen, und wir sind entschlossen, unsere Bemühungen fortzusetzen, mögliche Quellen des Mißverständnisses zu beseitigen, und auf diese Weise beizutragen, den Frieden Europas zu sichern.«

Als Chamberlain nach London zurückkehrt, ist sein Empfang geradezu tumultarisch. Der König gratuliert ihm persönlich, die Massen jubeln. Und Chamberlain sagt: »Ich glaube fest, daß wir endlich den Weg geöffnet haben zum allgemeinen *appeasement,* das allein die Welt vor dem Chaos retten kann.« Dabei schwenkt er das von Hitler unterzeichnete Papier. Zur gleichen Zeit sagt Hitler zu Ribbentrop, als dieser Bedenken wegen des Dokuments und seiner möglichen Folgen äußert: »Ach, das brauchen Sie nicht alles so ernst zu nehmen. Dieses Papier hat weiter keine Bedeutung.«

Der Militärputsch hat nicht stattgefunden. Für die deutsche Bevölkerung ist Hitler der größte Mann der Geschichte, der Einiger aller Deutschen, der Retter des Friedens. Die Generale erkennen resigniert: Wer ihn jetzt stürzen wollte, hätte das gesamte Volk gegen sich.

Am 1. Oktober rücken deutsche Truppen in Karlsbad, in Eger ein. Sie besetzen die wichtigsten Industriegebiete der ČSR. Polnische Truppen besetzen Teschen. 12 000 Quadratkilometer erhält Ungarn aus dem Gebiet der Slowakei.

Am 5. Oktober legt Präsident Beneš sein Amt nieder und fliegt nach England ins Exil. Die verstümmelte und wehrlos gewordene Tschecho-Slowakei, wie die Republik sich jetzt mit

Die zeitgenössische englische Fotomontage faßt das Münchner Abkommen zusammen. Oben: Chamberlain wird von Außenminister Ribbentrop empfangen, hinter ihnen Henlein, der Führer der Sudetendeutschen Partei. Unten: Nach seiner Rückkehr schwenkt der englische Premier die Garantieerklärung und ruft: »Der Friede in unserer Zeit ist gerettet!« Die Karte zeigt die Gebietsabtretungen der Tschechoslowakei an Deutschland, Polen und Ungarn

Bindestrich schreibt, erhält eine pro-deutsche Regierung mit faschistischer Tendenz. Staatspräsident wird der 66jährige Rechtsanwalt Dr. Emil Hacha, bisher Präsident des Obersten Gerichtshofes, der nach eigener Aussage »nie an Politik interessiert« war.

Nicht alle Sudetendeutschen jubeln beim Einmarsch der deutschen Truppen. Viele nicht-nationalsozialistische Deutsche fliehen in die Rumpf-Tschechei. Doch die neue Prager Regierung muß sie an Deutschland ausliefern. Einigen, wie dem Sozialdemokraten Wenzel Jaksch, gelingt die Flucht nach England. Bei der britischen Regierung bettelt er um Visen für sudetendeutsche Demokraten, die unter dem Hitler-Regime um Freiheit und Leben fürchten müssen. Die Visen werden verweigert. Tausende sudetendeutscher Anti-Nazis sind in Hitlers Konzentrationslagern krank geworden oder umgekommen.

In seiner Unterhausrede vom 5. Oktober 1938 hat Winston Churchill, der nicht zu den Appeasern gehörte, die Ergebnisse des Münchner Abkommens wie folgt zusammengefaßt: »In Berchtesgaden wurde mit vorgehaltener Pistole 1 Pfund Sterling verlangt. Nachdem es gegeben war (in Godesberg), verlangte man mit vorgehaltener Pistole 2 Pfund Sterling. Schließlich ließ sich der Diktator auf 1 Pfund 15 Schilling herunterhandeln, während man ihm den Rest in Gestalt eines Wechsels auf künftigen guten Willen auszahlte ... Wir stehen einem Unheil erster Ordnung gegenüber.«

Und in seinem Buch »Hitler. Eine Studie über Tyrannei« schreibt Alan Bullock: »Die Annektion Österreichs und des Sudetenlandes im Zeitraum von nur sechs Monaten bedeuteten den Sieg jener politischen Kampfmethoden, die Hitler so fleißig in den vergangenen fünf Jahren angewandt hatte. Seine Diagnose, daß die westlichen Demokratien schwach seien und daß die mangelnde internationale Solidarität die Bildung einer einheitlichen Front gegen ihn verhinderte, hatte sich glänzend bewährt.«

Für Hitler war das Münchner Abkommen nur eine Etappe auf dem Wege zur völligen Zerschlagung der ČSR. Bereits Anfang Oktober vertraute er General von Reichenau an, ihn beschäftige

Wieder fallen Grenzen. Im Oktober 1938 rückten deutsche Truppen in die dem Reich zugesprochenen Teile der Tschechoslowakei ein. Männer des »Sudetendeutschen Selbstschutzes« beseitigten die Grenzsperren

jetzt das Problem, wie er auch Böhmen und Mähren in seine Gewalt bekommen könne. Nach München hatte sich der slowakische Separatismus noch verstärkt. Hier wollte Hitler nun den Hebel ansetzen, um den Zerfall des restlichen tschechoslowakischen Staates herbeizuführen.

Ursprünglich hatte er Ungarn ermuntert, die Slowakei und die Karpato-Ukraine zu annektieren. Sobald er aber den Entschluß gefaßt hatte, auf die slowakischen Separatisten zu setzen, wies er die ungarischen Ansprüche sehr schroff zurück. Den Schwarzen Peter schob er Ungarn selbst zu. Als der frühere ungarische Ministerpräsident Darányi ihm ein persönliches Schreiben von Admiral Horthy überbrachte, worin dieser um Unterstützung der ungarischen Aspirationen bat, meinte er nicht ohne Anflug von Hohn zu Dáranyi: »Ich habe den Herren (Horthy, Imredy und Kánya) genau gesagt, daß ich die tschechoslowakische Frage so oder so lösen werde. Polen hat den richtigen Augenblick erkannt, losgeschlagen und sein Ziel erreicht. Herr Kánya aber hat damals nichts als Bedenken gehabt, obwohl ich ihm gesagt habe, daß England und Frankreich nicht kämpfen werden.« Im übrigen habe er damals den Eindruck gehabt, die Slowaken wollten zu Ungarn. »Inzwischen laufen die Slowakenführer verschiedenster Schattierungen mir die Türen ein, um mir zu bestätigen, daß sie nicht zu Ungarn wollen.«

Der Untergang der Tschechoslowakei

Diese Feststellung Hitlers entsprach durchaus den Tatsachen. Am 12. Oktober 1938 brachte der Ingenieur Franz Karmasin, Führer der »karpatendeutschen Volksgruppe« den stellvertretenden Ministerpräsidenten des slowakischen Landesteils, Dr. Ferdinand Durčansky zu einer Unterredung mit Hermann Göring zusammen. Durčansky versicherte Göring, daß die Slowaken keineswegs zu Ungarn wollten. Lediglich die dort ansässigen Juden würden für Österreich stimmen. Durčansky: »Die Slowaken wollen volle Selbständigkeit unter stärkster politischer, wirtschaftlicher und militärischer Anlehnung an Deutschland.« Göring notierte anschließend über das Gespräch: »Bestrebungen der Slowaken auf Selbständigkeit in geeigneter Weise unterstützen. Eine Tschechei ohne Slowakei ist uns noch restloser ausgeliefert. *Flughafenbasis in Slowakei für Luftwaffe im Einsatz gegen Osten sehr wichtig.*« (Hervorhebung vom Autor.)

Aber auch die Tschechen versuchten jetzt, Hitlers Gunst zu erringen, um sich soviel wie möglich von ihrer Selbständigkeit zu bewahren. Am 12. Oktober versicherte Gesandter Mastny Göring unter vier Augen, daß sich in seinem Land »ein völliger Umschwung« ereignet habe. Die Enttäuschung der Tschechen über Frankreich, England und Rußland sei sehr groß. Jetzt wolle die ČSR ihre Außenpolitik auf die Deutschlands abstimmen, Deutschland industriell unterstützen und sich auch in der Behandlung der Juden- und Kommunistenfrage nach Deutschland richten.

Neun Tage darauf sprach der neue tschechische Außenminister Frantisek Čhvalkovský bei Hitler vor. Über das Gespräch notierte Čhvalkovský: »Hitler verhehlte nicht, daß er sich nichts gefallen lasse und daß die Katastrophe für unseren Staat wie ein Blitz hereinbräche, wann immer wir von neuem wankten und zu den alten Manieren zurückkehrten. Vierundzwanzig, acht, Fingerschnippen. (Hitler drohte, die ČSR innerhalb von 24 oder gar 8 Stunden zu vernichten und unterstrich seine Worte durch Schnippen mit den Fingern.) Soweit es um eine Garantie gehe, sei die einzige Garantie, welche Wert hätte, seine Garantie. Er werde sie nicht geben, solange er das nicht für zweckmäßig halte.« Hitler hatte in München nämlich eine Garantie für die Rumpf-ČSR versprochen und liebte es nicht, darauf festgenagelt zu werden. Als die Briten und Franzosen ihn später, im Februar 1939, auf die Abgabe der Garantie drängten, ließ er ihnen antworten: »Die Zeit für eine deutsche Garantie ist noch nicht gekommen. Deutschland will zunächst eine Klärung der innerstaatlichen Verhältnisse der Tschechoslowakei abwarten.«

Dabei überschlug sich die neue tschechische Regierung förmlich in Ergebenheitsbeteuerungen. Präsident Hacha erklärte sich bereit, Offiziere jüdischer Abstammung zu pensionieren, jüdische Industrielle aus der Wirtschaft auszuschalten und den Verkauf des antisemitischen Hetz- und Pornoblattes »Der Stürmer« in der ČSR zuzulassen. Auch die Slowakei führte beflissen die erwünschten antijüdischen Verordnungen ein.

Seit dem Februar 1939 liefen Gerüchte in Rom, London und Paris um, Hitler plane für die zweite Märzhälfte die Besetzung der Rest-Tschechei. Anlaß sollte die einseitig proklamierte Loslösung der Slowakei von der Republik werden.

Bereits gleich nach Abschluß des Münchner Abkommens hatte Hitler die slowakischen Regierungsstellen von seinen Agenten und Sympathisanten unterwandern lassen. Der fanatische Pro-Nazi Franz Karmasin zum Beispiel saß als Staatssekretär in der Provinzregierung des slowakischen Ministerpräsidenten Tiso, einem katholischen Pater. Viele Agenten wurden von Himmler, vom Büro Heß, vom Außenpolitischen Amt der NSDAP, von der Auslandsorganisation der NSDAP oder von Goebbels' Propagandaministerium bezahlt. Im November hatte Hitler seinen Ver-

trauten, Staatssekretär Wilhelm Keppler, der auch schon beim Anschluß Österreichs eine Rolle gespielt hatte, beauftragt, sich mit der Slowakei zu befassen.

Inzwischen verlangte Hitler von Prag absolute Neutralität und strikteste Beachtung der slowakischen Eigenständigkeit, was Čhvalkovský auch zusicherte. Es ist tragikomisch, wie weit der neue tschechische Außenminister in seiner Dienstbeflissenheit ging. Nachdem Hitler ihn durch sein berühmtes »Fingerschnippen« abgekanzelt hatte, beeilte er sich zu betonen: »Und außenpolitisch, Herr Reichskanzler, möchten wir uns eng an Sie anlehnen, wenn Sie gestatten.«

Ende Januar bildeten Karmasins Partei und die Radikalen eine »deutsch-slowakische Gesellschaft«, deren Vorsitzender der slowakische Agitator Wojtech Tuka wurde. Tuka schickte ein Telegramm an Hitler, in dem er den Führer bat, die Slowaken zu schützen. Das »erhabene deutsche Volk« solle sie als »wirtschaftliche und kulturelle Mitarbeiter annehmen«. Am 12. Februar 1939 kam Tuka zu einem Besuch in die neue Reichskanzlei und sagte zu Hitler: »Mein Volk erwartet seine volle Befreiung von Ihnen.« Hitler wies darauf hin, daß zu diesem Zwecke die Slowakei zunächst ihre Unabhängigkeit von Prag erklären müsse.

Der Druck auf die Slowaken verstärkte sich in den folgenden Wochen. Keppler ließ Tuka und Karmasin ausrichten, die Slowaken sollten baldigst ihre Unabhängigkeit ausrufen. Anderenfalls werde Ungarn nach dem 15. März von Hitler die Erlaubnis zur Besetzung der Slowakei erhalten. Ribbentrop versprach eine Garantie der slowakischen Grenzen, vorausgesetzt, das Land würde zu einem vom Führer zu bestimmenden Termin seine Unabhängigkeit erklären.

10. März 1939: Um 5.20 Uhr in der Frühe erhält Ribbentrops Verbindungsmann bei Hitler, Legationsrat Walter Hewel, einen Anruf von Seyß-Inquart aus Wien: Tschechische Truppen sind in

Nach dem unblutig verlaufenen »Anschluß« Österreichs nun ein neuer »Blumenkrieg«: Im »befreiten« Sudetenland säumten begeisterte Menschenmengen die Straßen, als Hitler am 3. Oktober 1938 nach Eger fuhr. Die um rührende Szenen bemühte NS-Presse vergaß dabei nicht, Bilder von weinenden Kindern einzufangen

Preßburg einmarschiert. Tuka ist verhaftet worden. Pater Tiso ist abgesetzt worden und hat sich in ein Jesuitenkolleg geflüchtet. Es sei das Standrecht verkündet worden.

Präsident Hacha ernennt Dr. Karel Sidor zum Nachfolger von Tiso. Sidor ist zwar mit Sey-Inquart befreundet, gilt aber für Hitler als unsicherer Kantonist. Hitler favorisiert Pater Tiso.

12. März, 22 Uhr: Dr. Sidor hat sein Kabinett in Preßburg zu einer Sitzung einberufen. Plötzlich dringen sieben Männer, die soeben aus dem nahegelegenen Wien gekommen sind, in den Sitzungssaal: Seyß-Inquart, der niederösterreichische Gauleiter Bürckel und Keppler, dazu einige deutsche Offiziere in Uniform. Sie fordern das Kabinett auf, unverzüglich die Unabhängigkeit der Slowakei auszurufen. Anderenfalls hätte der Führer kein Interesse mehr an einer selbständigen Slowakei und würde sich nicht mehr gegen eine Annektion durch Ungarn stellen. Als Sidor zögert und sich auf seine Loyalität zu Hacha beruft, holt Keppler den abgesetzten Pater Tiso aus dem Jesuitenkolleg, läßt ihn verfassungswidrig durch einen Staatsstreich die Regierung wieder übernehmen und fliegt anschließend mit ihm nach Berlin.

In Berlin am 13. März droht Hitler dem Pater ganz unverhohlen ebenfalls mit einer Besetzung durch Ungarn. Ein deutscher Schutz der Slowakei wäre nur möglich, wenn Tiso hier und jetzt die völlige Loslösung von Prag proklamiere. Tiso erklärt sich einverstanden und fliegt nach Preßburg zurück. Tags darauf verkündet der slowakische Landtag den »selbständigen und unabhängigen slowakischen Staat« und konstituiert sich als »gesetzgebender Landtag«.

Am 14. März meldet Keitel Hitler, daß Wehrmachtsverbände an der tschechischen Grenze bereitstehen und am nächsten Morgen um 6 Uhr früh einrücken würden. Göring ist in San Remo. Er wird von Hitler telegrafisch nach Berlin beordert, ebenso wie der Generalluftzeugmeister Milch, der zum Wintersport in die Schweiz gefahren ist.

Hitler läßt die Prager Regierung wissen, es wäre sehr nützlich, wenn Präsident Hacha trotz seines Alters und seiner Gebrechlichkeit noch am selben Tag zu einer Unterredung mit ihm nach Berlin kommen würde. Inzwischen hat sich auch die Karpato-Ukraine zur selbständigen Republik erklärt. Hitler versagt ihr allerdings den Schutz und überläßt sie Ungarn. Die »Selbständigkeit« soll nur zwei Tage dauern. Hitler ermuntert die Ungarn ganz offiziell, in der Karpato-Ukraine »Ruhe und Ordnung« wiederherzustellen. Er zeigt sich an diesem Gebiet nicht interessiert. Die Lebensuhr der tschechoslowakischen Republik ist abgelaufen.

Da Präsident Hacha schwer herzleidend ist, darf er kein Flugzeug benutzen. Er besteigt am frühen Nachmittag den Zug von Prag nach Berlin. Seine Tochter begleitet ihn, um sich um den herzkranken Vater kümmern zu können. Gegen 22 Uhr trifft Hacha mit Außenminister Čhvalkovský auf dem Anhalter Bahnhof ein. Auf dem Bahnhof ist eine Ehrenkompanie angetreten. Außenminister Ribbentrop empfängt die Gäste mit einem prächtigen Blumenstrauß für Madame Radl, Hachas Tochter. Im Hotel Adlon ist die beste Suite für den tschechischen Staatspräsidenten reserviert. Für Frau Radl liegt im Hotelzimmer eine riesige Pralinenschachtel mit einem Handschreiben Hitlers. David Irving bemerkt: »Hitler mag ein Unhold gewesen sein, aber er war zumindest einer mit Manieren.«

Es wird 1.15 Uhr am 15. März, bevor Hacha und Čhvalkovský ins Arbeitszimmer von Hitler in der neuen Reichskanzlei geführt werden. Nicht nur Hitler und Ribbentrop sind anwesend, auch Generaloberst Keitel, Chef des OKW und Feldmarschall Göring, Chef der Luftwaffe. Das Protokoll führt Legationsrat Hewel. Und noch ein weiterer Mann wird Hacha vorgestellt: Dr. Morell, Hitlers Leibarzt. Für Hacha wird die Anwesenheit eines Arztes bald wichtig sein.

Hacha beginnt zurückhaltend und bescheiden. Er sei eigentlich gar kein Politiker, sondern Richter, aber er habe sich der Verantwortung nicht entziehen können, als ihm nach dem Rücktritt von Beneš dessen Amt angeboten worden. Er sehe ein, daß die Tschechoslowakei mit ihren vielen Völkerschaften ein unnatürliches Gebilde sei. Der Slowakei weine er keine Träne nach. Ihn bewege vor allem das Schicksal seines Volkes. Er glaube, daß gerade der Führer ihn verstehe, wenn er der Ansicht sei, daß die Tschechen das Recht auf ein nationales Eigenleben hätten. Natürlich verlange schon die geographische Lage das beste Verhältnis zu Deutschland. Dies sei überhaupt die Grundlage eines

DEUTSCHLAND

nationalen Eigenlebens. Diese Überzeugung teile der größte Teil des tschechischen Volkes. Er sei mit der Absicht nach Berlin gekommen, zu einem guten Einverständnis zu gelangen. Er glaube, das Schicksal der Tschechoslowakei sei in den Händen des Führers gut aufgehoben.

Hitler antwortet zunächst sehr höflich, es täte ihm leid, daß er dem Staatspräsidenten diese Reise habe zumuten müssen. Aber heute morgen sei er nach langem Überlegen zu der Überzeugung gekommen, daß diese Reise trotz der schlechten Gesundheit des Staatspräsidenten für sein Land von großem Nutzen sein könne.

Dann fährt er eine Reihe massivster Vorwürfe auf. Er halte ihn, Hacha, und auch Herrn Čhvalkovský zwar für Ehrenmänner, aber er habe den Eindruck, daß sie sich nicht durchzusetzen vermöchten.

Hacha erbleicht, als Hitler fortfährt: »Ich habe nun den Befehl gegeben zum Einmarsch der deutschen Truppen und zur Eingliederung der Tschechei in das Deutsche Reich.« Um sechs Uhr in der Frühe würden deutsche Truppen von allen Seiten her einrücken. Hitler: »Wenn der Einmarsch der Truppen sich in erträglichen Formen abspielt, wird es mir leicht sein, bei der Neugestaltung des Landes dem tschechischen Volk ein großzügiges Eigenleben, eine Autonomie und eine gewisse nationale Freiheit zu geben. Kommt es allerdings zum Kampf, dann wird die tschechische Armee innerhalb weniger Stunden restlos vernichtet werden. Aus Selbsterhaltungstrieb kann ich dann auch keine Autonomie mehr gewähren.«

Hacha versucht nochmals einzulenken. Wenn es allein um die Entwaffnung der tschechischen Armee ginge, dann könne man das auch anders bewerkstelligen, ohne daß deutsche Truppen das Land besetzten. Doch Hitler entgegnet, eine solche Lösung käme nicht mehr in Frage. Er habe seinen Entschluß gefaßt und dieser sei »unabänderlich«. Hacha sagt, er sehe ein, daß Widerstand

Am 5. November 1938 wurde in Reichenberg die Sudetendeutsche Partei in die NSDAP aufgenommen. Der »Stellvertreter des Führers«, Rudolf Heß (mit dem Rücken zur Kamera), vollzog den Akt getreu althergebrachtem mystischen Zeremoniell, indem er den neuernannten Gauleiter Konrad Henlein die »Blutfahne« vom 9. November 1923 berühren ließ nutzlos sei. Er frage aber den Führer, wie er es anstellen solle, in vier Stunden das ganze tschechische Volk vom Widerstand zurückzuhalten. Hitler: »Beraten Sie sich mit Ihren Herrn. Wenden Sie sich telefonisch an Ihre Prager Dienststellen. Die Telefonzentrale der Reichskanzlei steht Ihnen für alle derartigen Gespräche zur Verfügung. Die nun rollende Militärmaschine läßt sich nicht mehr aufhalten.«

Totenbleich gehen Hacha und Čhvalkovský ins Nebenzimmer, wo sie von Göring und Ribbentrop weiter bearbeitet werden. Hacha weigert sich, diese bedingungslose Kapitulation anzuerkennen. Er protestiert gegen diese Vergewaltigung seines Volkes ohne die Möglichkeit von Verhandlungen. Da beugt sich Göring zu ihm: »Herr Präsident, wenn Sie bei Ihrer Weigerung bleiben, dann muß ich meiner Luftwaffe leider den Befehl erteilen, Ihre schöne Stadt Prag heute früh mit Bomben in Schutt und Asche zu legen. Ich liebe diese wundervolle Stadt und würde das aufrichtig bedauern.«

Mit Herzschmerzen und einem Schwächeanfall bricht Präsident Hacha ohnmächtig zusammen. Göring stürzt zu Hitler: »Verdammt noch mal, der stirbt uns hier im Sessel weg!«

Hitler ruft sofort seinen Leibarzt Dr. Morell. Wenn Hacha hier, in der Reichskanzlei, sterben sollte, dann würde dem Ausland gegenüber eine äußerst peinliche Situation entstehen. Morell gibt dem Präsidenten eine stärkende Injektion. Nach wenigen Minuten ist Hacha so weit gekräftigt, daß er wenigstens den Telefonhörer halten kann, den Göring ihm in die Hand drückt. Er telefoniert mit seinem Kabinett in Prag, rät dringend zur Kapitulation und gibt an die tschechischen Streitkräfte den Befehl heraus, keinen Widerstand zu leisten. Göring besteht darauf, daß Hacha sich der deutschen Sprache bedient, damit »keine Mißverständnisse entstehen«, wie er sich ausdrückt. Es ist eine Szene wie aus einem schlechten Gangsterfilm.

Morell gibt Hacha eine weitere Kräftigungsspritze. Hitler hat seinem Leibarzt deswegen später einen scherzhaften Vorwurf gemacht. »Nach Ihrer zweiten Injektion wurde der alte Herr so munter, daß er noch einmal versuchte, sich auf die Hinterbeine zu stellen.«

Schließlich wankt Hacha ins Arbeitszimmer Hitlers und setzt

seine Unterschrift über die bereits fix und fertig vorbereitete Vereinbarung. Hitler besteht darauf, daß auch Čhvalkovský gegenzeichnet. Zu Ribbentrop meint er. »Hacha ist Jurist, und vielleicht gräbt er zu Hause dann irgendeine Bestimmung aus, daß das Abkommen nur rechtsgültig ist mit der Unterschrift des zuständigen Ressortministers.« (Später kursiert in Prag ein bitterer Witz: Reichsprotektor von Neurath lädt den ehemaligen Staatspräsidenten zu einem Diner ein und reicht ihm die Speisekarte. Hacha: »Wo, bitte schön, soll ich unterschreiben?«)

Kernsatz des Abkommens: »Der Führer hat seinem Entschluß Ausdruck gegeben, daß er das tschechische Volk unter den Schutz des Reiches nehmen und ihm eine seiner Eigenart gemäße autonome Entwicklung seines Lebens gewährleisten wird.«

In den Morgenstunden wird das Land von deutschen Truppen besetzt. Die tschechische Armee wird entwaffnet. Als Goodwill-Geste bestimmt Hitler, daß alle tschechischen Offiziere ihre Dienstränge mit dem Zusatz a. D. führen dürfen und ihre volle Pension erhalten.

Am 16. März trifft Hitler in Prag ein, übernachtet im Hradschin und verkündet den »Erlaß über das Protektorat Böhmen und Mähren«. Hacha wird »Oberhaupt der autonomen Verwaltung« mit den Ehrenrechten eines Staatsoberhauptes. In Artikel 3 wird Autonomie und Selbstverwaltung zugesichert. Wo die wirkliche Macht liegt, zeigen die folgenden Artikel:

» 5,1: Als Wahrer der Reichsinteressen, ernennt der Führer und Reichskanzler einen ›Reichsprotektor in Böhmen und Mähren‹.

5,3: Die Mitglieder der Regierung des Protektorats werden vom Reichsprotektor bestätigt. Die Bestätigung kann zurückgenommen werden.

Zum Bild auf den beiden folgenden Seiten: Erschütterndes Dokument Hitlerscher Machtpolitik: Eingerahmt von bärbeißigen Vertretern des Militärs und der Staatskanzlei, aufrechtgehalten durch Spritzen von Hitlers Leibarzt Morell, wankt der schwerkranke tschechoslowakische Ministerpräsident Hacha im Schneetreiben an der Ehrenkompanie vorbei, nachdem er soeben seinen Staat dem deutschen Diktator ausgeliefert hat – hohles diplomatisches Zeremoniell soll dem Gewaltakt die Tünche der Rechtmäßigkeit verleihen

5,4: Der Reichsprotektor ist befugt, sich über alle Maßnahmen der Regierung des Protektorats unterrichten zu lassen und ihr Ratschläge zu erteilen. Er kann gegen Maßnahmen, die das Reich zu schädigen imstande sind, Einspruch einlegen und bei Gefahr im Verzuge die im gemeinsamen Interesse notwendigen Anordnungen treffen.

11,1: Das Reich kann Rechtsvorschriften mit Gültigkeit für das Protektorat erlassen.

11,3: Die Reichsregierung kann die zur Aufrechterhaltung der Sicherheit und Ordnung notwendigen Maßnahmen treffen.«

Zum Reichsprotektor wird der frühere Außenminister von Neurath ernannt. Er bezieht seine Residenz auf dem Hradschin, dem alten Schloß der Könige von Böhmen.

Die Slowakei wird zwar kein Protektorat, aber ein eng ans Reich gebundener Satellitenstaat, mit dem am 23. März ein Vertrag über ein »Schutzverhältnis« abgeschlossen wird. Und während die deutschen Verbände ihre Garnisonen in Böhmen und Mähren beziehen, ist auch die kurze Zeit der selbständigen karpato-ukrainischen Republik zu Ende. Ungarische Truppen rücken ein und besetzen das Gebiet.

England und Frankreich hinterlegen Protestnoten. Die französische ist im Ton schärfer gehalten als die britische. Eine Mobilmachung oder sonstige warnende Demonstration findet nicht statt. Auf zornige Anfragen im britischen Unterhaus, wie es um die Einlösung der Garantie für die Rest-Tschechoslowakei stünde, antwortet Chamberlain am 15. März: »Die Proklamation der Selbständigkeit der Slowakei setzt den Schlußstrich unter die innere Auflösung des Staates, dessen Grenzen zu garantieren wir uns verpflichtet hatten. Seiner Majestät Regierung kann sich daher nicht mehr an diese Verpflichtung gebunden fühlen.«

Am 18. März weist die deutsche Regierung die britisch-französischen Proteste mit einer Note zurück. In der öffentlichen Verlautbarung darüber heißt es: »Der englische und französische Botschafter haben aus Anlaß der Aktion, die von Deutschland zur Herstellung von Ruhe und Ordnung in Böhmen und Mähren und damit zur Befriedung Mitteleuropas durchgeführt worden

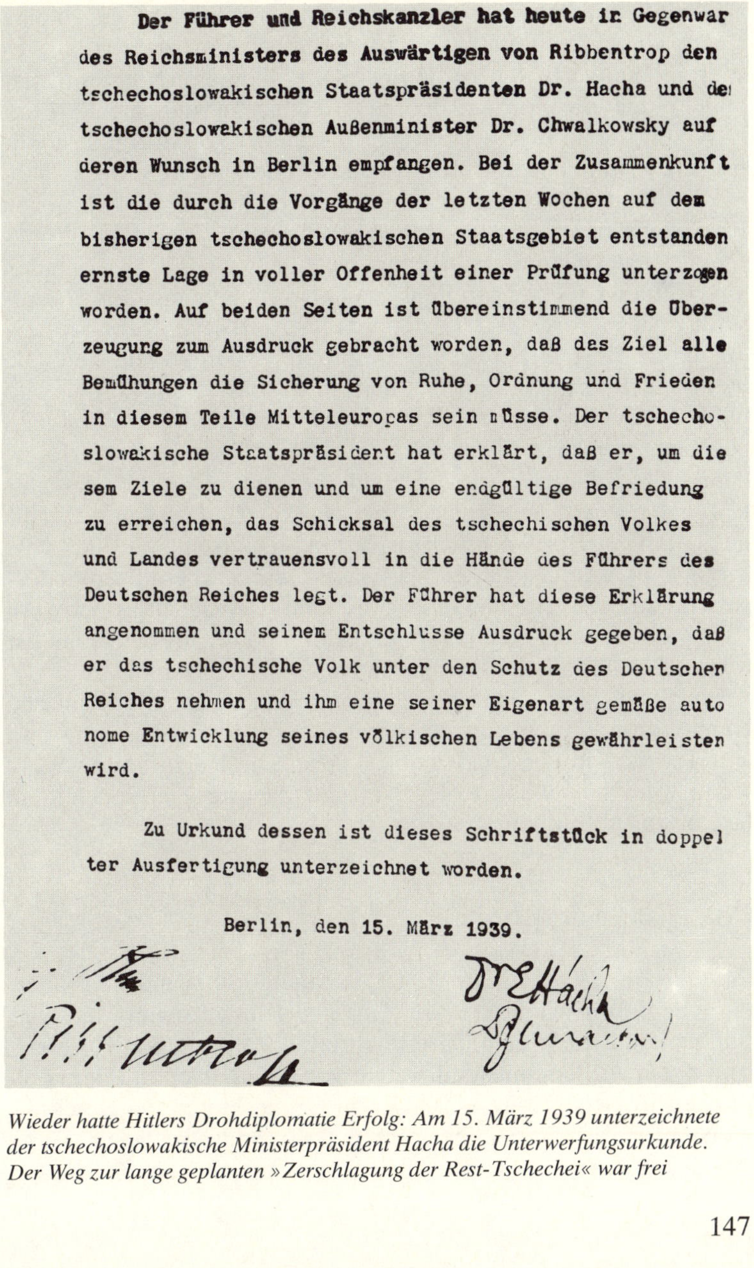

Der Führer und Reichskanzler hat heute in Gegenwar
des Reichsministers des Auswärtigen von Ribbentrop den
tschechoslowakischen Staatspräsidenten Dr. Hacha und de
tschechoslowakischen Außenminister Dr. Chwalkowsky auf
deren Wunsch in Berlin empfangen. Bei der Zusammenkunft
ist die durch die Vorgänge der letzten Wochen auf dem
bisherigen tschechoslowakischen Staatsgebiet entstanden
ernste Lage in voller Offenheit einer Prüfung unterzogen
worden. Auf beiden Seiten ist übereinstimmend die Über-
zeugung zum Ausdruck gebracht worden, daß das Ziel alle
Bemühungen die Sicherung von Ruhe, Ordnung und Frieden
in diesem Teile Mitteleuropas sein müsse. Der tschecho-
slowakische Staatspräsident hat erklärt, daß er, um die
sem Ziele zu dienen und um eine endgültige Befriedung
zu erreichen, das Schicksal des tschechischen Volkes
und Landes vertrauensvoll in die Hände des Führers des
Deutschen Reiches legt. Der Führer hat diese Erklärung
angenommen und seinem Entschlusse Ausdruck gegeben, daß
er das tschechische Volk unter den Schutz des Deutschen
Reiches nehmen und ihm eine seiner Eigenart gemäße auto
nome Entwicklung seines völkischen Lebens gewährleisten
wird.

Zu Urkund dessen ist dieses Schriftstück in doppel
ter Ausfertigung unterzeichnet worden.

Berlin, den 15. März 1939.

Wieder hatte Hitlers Drohdiplomatie Erfolg: Am 15. März 1939 unterzeichnete der tschechoslowakische Ministerpräsident Hacha die Unterwerfungsurkunde. Der Weg zur lange geplanten »Zerschlagung der Rest-Tschechei« war frei ist, eine Démarche im Auswärtigen Amt gemacht, um gegen eine angebliche Unrechtmäßigkeit des deutschen Vorgehens zu protestieren. Wie verlautet, ist den beiden Diplomaten von amtlicher Seite mitgeteilt worden, daß die Reichsregierung nicht in der Lage sei, solche Proteste entgegenzunehmen, da dies jeder politischen, rechtlichen und moralischen Grundlage entbehre.«

Die litauische Regierung ist durch Hitlers Vorgehen gegen Prag völlig demoralisiert. Als Ribbentrop am 20. März ultimativ die Rückgabe des Memelgebiets, eines 1920 an Litauen abgetretenen Gebietsstreifens von Ostpreußen mit der Hauptstadt Tilsit fordert, eilt der Außenminister Urbsys sofort nach Berlin, um die dort vorbereitete Vereinbarung zu unterzeichnen. Die litauische Regierung und das Parlament, der »Sejm« in Kowno billigen das Abkommen. Ribbentrop hat Urbsys zu verstehen gegeben, wenn die Rückgabe »auf freiwilliger Basis« erfolge, dann würde Deutschland die litauischen Interessen im Memeler Hafen »weitgehend berücksichtigen«. Am 23. März unterzeichnet Hitler an Bord des Panzerschiffes »Deutschland«, das vorsorglich in der Ostsee kreuzt, das »Gesetz über die Wiedervereinigung des Memellandes mit dem Deutschen Reich«. In Paragraph 1 heißt es kurz und bündig: »Das Memelgebiet ist wieder Bestandteil des Deutschen Reiches.«

Ein Staat allein reagiert nervös und gereizt auf die litauische Kapitulation: Polen antwortet mit einer Teilmobilisierung und legt Truppen in das Gebiet um Danzig. Die Regierung in Warschau weiß sehr wohl: Polen wird das nächste Ziel von Hitlers Expansionspolitik sein.

Polen ist an der Reihe

24. Oktober 1938: Einen Monat, nachdem Hitler in Bad Godesberg dem britischen Premier Chamberlain versichert hat, das Sudetenland sei seine »letzte territoriale Forderung in Europa«, speist sein Außenminister Joachim von Ribbentrop mit dem polnischen Botschafter Jozef Lipski im Grand Hotel von Berchtesgaden. Bei der Suppe herrscht ein »freundschaftlicher Ton«. Polen hat gerade mit deutscher Unterstützung einen Streifen

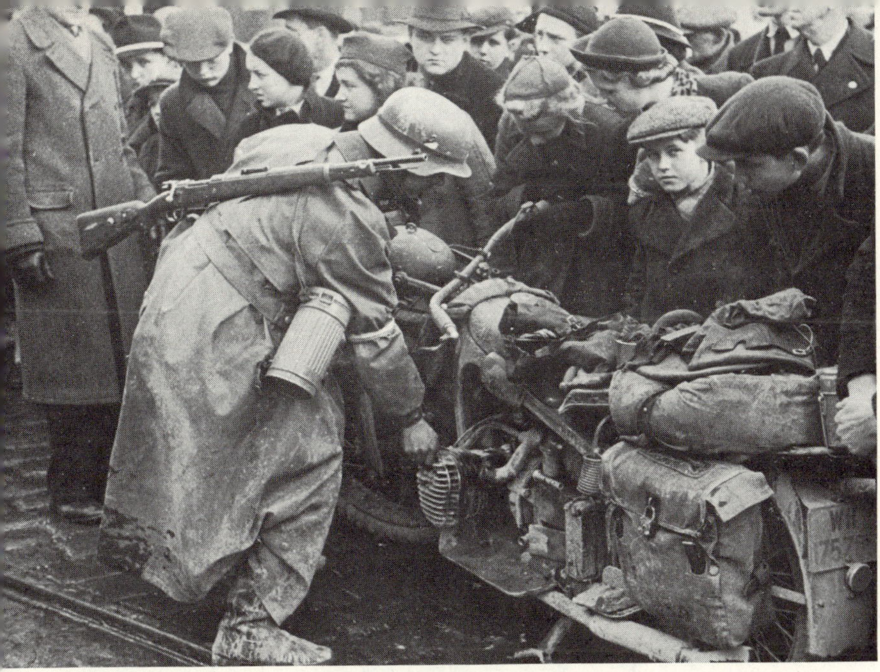

Trotz Winterwetters und aufgeweichter Straßen vollzog sich der Einmarsch deutscher Truppen in die Rest-Tschechoslowakei mit furchterregender Schnelligkeit. Hier ein Kradschütze in der mährischen Stadt Brünn

tschechischen Gebietes annektiert. Als man aber bei Mokka und Zigarren angelangt ist, wird die Atmosphäre kühler. Ribbentrop hat das Gespräch auf Danzig gebracht. »Herr Lipski, Deutschland will eine Autobahn und eine zweigleisige Eisenbahnlinie – beide exterritorial – durch den Korridor bauen, um Danzig und Ostpreußen mit dem Reich zu verbinden. Danzig muß zum Reich zurückkehren.« Lipski antwortet ausweichend: »Ich darf Sie darauf aufmerksam machen, daß der Herr Reichskanzler uns am 5. November 1937 und am 14. Januar 1938 zugesichert hat, daß er am Status von Danzig nichts zu ändern wünsche.« Bei dieser Unterredung bleibt Ribbentrop noch konziliant: »Herr Lipski, ich erwarte keine rasche Entscheidung. Mein Rat ist nur, daß die polnische Regierung das alles einmal gründlich durchdenken sollte.«

Kaum eine andere Bestimmung des Versailler Vertrages hatte

die deutsche öffentliche Meinung mehr erzürnt, als die Errichtung des »polnischen Korridors«, der dem neuerstandenen Polen einen Zugang zum Meer gab, aber Ostpreußen vom Reich abschnitt, und die Umwandlung Danzigs in einen Freistaat, der vom Völkerbund überwacht, von einem deutschen Senat regiert, aber von Polen wirtschaftlich dominiert wurde. Bei dieser Empörung vergaß man allerdings zweierlei: Der größte Teil des in Versailles Polen zugesprochenen Gebietes war früher einmal bei den polnischen Teilungen von Preußen annektiert worden. Ostpreußen hatte zwar seit mehr als zwei Jahrhunderten zum Königreich Preußen gehört, aber nicht zu Deutschland. Weder war Ostpreußen jemals Teil des Heiligen Römischen Reiches (bis 1806) noch des Deutschen Bundes (bis 1866) gewesen. Erst 1871 hatte Bismarck Ostpreußen als preußische »Morgengabe« ins neugegründete Deutsche Reich eingebracht.

Bis zur Jahreswende 1938/39 hatte Hitler aus taktischen Gründen die Freundschaft Polens gesucht. Er wollte Polen aus der Koalition mit Frankreich herauslösen, um bei seinen geplanten Aktionen den Rücken im Osten frei zu haben. Mit dem Diktator Marschall Pilsudski hatte er 1934 einen zehnjährigen Nichtangriffspakt geschlossen. Mit der Obristen-Junta, die nach Pilsudskis Tod die Macht übernahm, an der Spitze Armeebefehlshaber Rydz-Smigly und Außenminister Jozef Beck, beide traditionell antirussisch eingestellt, arrangierte Hitler sich glänzend. Besonders sein Paladin Hermann Göring war in Polen ein gern gesehener Jagdgast. Von irgendwelchen »Leiden« der deutschen Minderheit war nichts zu spüren. Die meisten jener, die 1919 für Polen gestimmt hatten, lebten nicht schlechter als zur Zeit der preußischen Herrschaft. Polens wohlwollende Haltung war eine wesentliche Stütze für Hitlers »Wochenendcoups« gewesen: Rheinlandbesetzung, Österreich, Tschechoslowakei. Jetzt, Anfang 1939, war Polen nun selber an der Reihe. Die Schwäche, die England und Frankreich in München gezeigt hatten, war für Hitler eine Ermunterung gewesen.

Nach dem Einzug in den Prager Hradschin am 16. März 1939 trat Hitler ans Fenster und zeigte sich einer rasch herbeigeholten Menge. Anders als in Österreich oder im Sudetenland mußte die Begeisterung nun befohlen werden

5. Januar 1939: Oberst Beck, der polnische Außenminister, trifft zu einem Besuch Hitlers in Berchtesgaden ein. Wieder heißt das Thema »Danzig«. Hitler: »Danzig war deutsch, wird immer deutsch bleiben und früher oder später wieder zu Deutschland gehören. Allerdings gebe ich Ihnen die Versicherung, daß ich in Danzig keine vollendeten Tatsachen schaffen werde.«

Beck wird nicht nur nachdenklich, er wird wachsam. Und am 15. März fallen ihm die Schuppen von den Augen. Plötzlich sieht sich Polen nicht nur im Norden und Westen, in Ostpreußen, Pommern und Schlesien, sondern auch im Süden, in der Slowakei, von der deutschen Wehrmacht flankiert. Praktisch über Nacht hat sich die militärische Position Polens radikal verschlechtert.

Dann kommt eine Woche darauf der »Handstreich von Memel«. Polen sieht darin die Generalprobe für Danzig. Truppen werden um Danzig konzentriert und drei Reservistenjahrgänge einberufen.

Warschau ist nicht so leicht einzuschüchtern wie Wien oder Prag. Am 28. März erklärt Beck dem deutschen Botschafter in Warschau: »Jeder Versuch Deutschlands oder des nationalsozialistischen Danziger Senats, den Status des Freistaats zu ändern, wird Polen als casus belli betrachten.«

30. März: Der britische Botschafter in Warschau, Kennard, überreicht Beck einen britisch-französischen Vorschlag zu gegenseitigen Beistandspakten für den Fall einer deutschen Agression. Beck stimmt zu. Am nächsten Tag kann Chamberlain vor dem Unterhaus seine historische Erklärung abgeben: »Im Falle einer die Unabhängigkeit Polens eindeutig bedrohenden Aktion, gegen die es sich zur Wehr setzen muß, werden England und Frankreich der polnischen Regierung alle in ihrer Macht stehende Unterstützung angedeihen lassen.«

Die Garantieerklärung löst bei Hitler einen Wutanfall aus. Seine bisherige Taktik, erfolgreich in Österreich und der Tschechoslowakei, zieht offenbar nicht mehr. Hitler ist in der Klemme. Seine prekäre Lage wird ihm noch deutlicher, als er am 16. April erfährt, der sowjetische Außenminister Litwinow habe dem britischen Botschafter in Moskau einen gegenseitigen Beistandspakt zwischen Großbritannien, Frankreich und der Sowjetunion vor-

Die »Bewegung« bekam neue »Blutzeugen«: Hitler begrüßt auf dem Hof der Prager Burg Studenten der Prager Deutschen Hochschule, die sich bei Prügeleien mit tschechischen Patrioten verletzt haben

geschlagen. Plötzlich aber wendet sich das Blatt für Hitler wieder günstig.

3. Mai: In den sowjetischen Zeitungen erscheint eine kurze, unauffällige Notiz: »Litwinow ist auf eigenen Wunsch vom Amt des Volkskommissars für Auswärtige Angelegenheiten zurückgetreten.« Litwinow war stets der Apostel der kollektiven Sicherheit, der Stärkung des Völkerbundes gewesen. Immer hatte er ein russisches Militärbündnis mit England und Frankreich angestrebt. Für Berlin kann Litwinows Ablösung nur eines bedeuten: Eine Kursänderung in der sowjetischen Außenpolitik. Schon am 20. Mai hat der deutsche Botschafter in Moskau, von der Schulenburg, eine lange, »sehr freundliche« Unterredung mit dem neuen Außenminister Molotow.

22. Mai: In Berlin wird der »Stahlpakt« zwischen Deutschland und Italien unterzeichnet. Sein Kernstück: »Wenn es entgegen

den Wünschen und Hoffnungen der vertragsschließenden Teile dazu kommen sollte, daß einer von ihnen in kriegerische Verwicklungen mit einer anderen Macht oder mit anderen Mächten gerät, wird ihm der andere vertragsschließende Teil sofort als Bundesgenosse zur Seite treten und ihn mit allen seinen militärischen Kräften zu Lande, zur See und in der Luft unterstützen.« Hitler hat die Achse Berlin-Rom durch einen militärischen Beistandspakt noch verstärkt.

6. Juli: Hitler verwandelt Danzig in jenes Pulverfaß, dessen Explosion er zu seiner Rechtfertigung braucht. Waffen und Offiziere werden in den Freistaat geschmuggelt, die Soldaten getarnt als harmlose Touristen. Polen reagiert hart. Die polnischen Zollbeamten werden bewaffnet. Ihre Zahl wird verdoppelt. In einer scharfen Note erklärt die polnische Regierung, sie werde jeden Versuch seitens der Reichsregierung, Polens Rechte in Danzig zu beeinträchtigen, als Aggressionsakt betrachten. Polen läßt sich nicht einschüchtern.

Drei Tage zuvor hatten Hitler und Göring auf dem Luftwaffenversuchsgelände in Rechlin einer geheimen Vorführung neuer Modelle der Luftwaffe beigewohnt. Hitler war umgemein beeindruckt. Was weder Göring, noch Milch und Udet ihm sagten, war, daß es sich bei den Flugzeugen und Waffensystemen *nicht* um serienreife Modelle, sondern um Prototypen handelte, die noch gar nicht in die Produktion gehen konnten. Görings Motiv war eigensüchtig, er zog diese Schau ab, um im Kampf um Rohstoffe und Arbeitskräfte bevorzugt zu werden. Hitler aber stand nach der Vorführung unter dem Eindruck, die deutsche Luftwaffe sei unschlagbar. Dieser Eindruck bestärkte ihn darin, mit der gewaltsamen Lösung im Hinblick auf Polen nicht länger zu zögern.

Die Ruhe des Monats Juli war ebenso trügerisch wie gewollt. Ribbentrop reiste zur Erholung in sein Schloß Fuschl am Wolfgangsee. Brauchitsch, der Oberbefehlshaber des Heeres, ging in die Ferien. Göring kreuzte mit seiner Jacht auf den Kanälen in Norddeutschland. Hitler zog sich auf seinen Berghof zurück. Ein friedlicher Sommer. Die Politik machte Urlaub. So schien es und so sollte es scheinen.

Die angebliche Ruhe in Deutschland ließ die Beunruhigung im

Ausland wachsen. In London schien man sich sogar auf ein neues »München« vorzubereiten. Sir Horace Wilson führte geheime Gespräche mit Dr. Helmut Wohltat, einem von Görings Wirtschaftsexperten. Gerüchte sickerten durch, daß die britische Regierung Hitler eine Anleihe von einer Milliarde Pfund Sterling anbieten wolle, wenn er bereit wäre, den Konfliktstoff mit Polen friedlich aus der Welt zu schaffen.

Inzwischen hatte der Generalstab Hitler darüber unterrichtet, daß der günstigste Termin für einen Überraschungsangriff auf Polen um den 25. August liegen würde. Man müsse die Gunst des Wetters ausnutzen. Mitte September würden in Osteuropa gewöhnlich Regenfälle einsetzen und die Operationen schwierig gestalten. Dies hieß: Bis zum 15. August mußte Hitler sich für oder gegen den »Fall Weiß« entscheiden, wie der Deckname für die vorbereitete militärische Aktion gegen Polen lautete.

Deutsch-sowjetischer Nichtangriffspakt

Am 25. Juli erfuhr Hitler, daß England und Frankreich Militärmissionen nach Moskau entsandt hatten, um mit der Sowjetunion zu einem Abkommen, eventuell zu einem Bündnis, zu gelangen. Aus seinen nachrichtendienstlichen Quellen erfuhr Hitler, daß die Verhandlungen sich zähflüssig gestalteten.

Auch Ribbentrop blieb aktiv. Am 2. August gab er dem sowjetischen Geschäftsträger in Berlin zu verstehen, Moskau und Berlin sollten gemeinsam über das Schicksal Polens entscheiden. Zwischen Rußland und Deutschland gäbe es »von der Ostsee bis zum Schwarzen Meer« kein Problem, »das nicht zu lösen sei«.

Am 4. August entschloß man sich in London zu einem Schritt, der allen diplomatischen Gepflogenheiten widersprach. Sir Horace Wilson lud den deutschen Botschafter Herbert von Dirksen zu einem vertraulichen Abendessen unter vier Augen, ohne Zeugen und Protokollanten, in seine Privatwohnung ein. Er bat Dirksen, nicht mit dem Dienstwagen der Botschaft, sondern wie ein sommerlicher Abendspaziergänger ohne Begleitung zu Fuß zu kommen. Bei dem vertraulichen Gespräch machte Sir Horace dem deutschen Botschafter ein sensationelles Angebot: eine voll-

wertige Partnerschaft zwischen England und Deutschland, ähnlich wie die Entente mit Frankreich vom Jahre 1904. Auch über die Kolonialfrage könne man in aller Aufgeschlossenheit reden, England sei zu jedem Zugeständnis bereit. Die Garantieerklärung an Polen würde in England als »störend« empfunden. Wenn Hitler die Bedingungen akzeptiere, würde man von London aus Druck auf Warschau ausüben, den Forderungen Deutschlands auf Danzig und einer exterritorialen Landverbindung durch den Korridor zuzustimmen.

Hitler war nicht bereit, das Verhandlungsangebot anzunehmen. Als Gerüchte von England Sinneswandel in die Öffentlichkeit sickerten, verbot Goebbels auf Hitlers Anweisung der deutschen Presse, die freundliche Atmosphäre in London überhaupt nur zu erwähnen. Staatssekretär von Weizsäcker notierte sich am 6. August: »Unterirdische Ausgleichsfühler von Chamberlain via Sir Horace Wilson beweisen, daß mit England ein Gespräch einzuleiten wäre, *wenn man will.*« (Hervorhebung vom Autor).

Hitler wollte nicht. Hitler hatte kein Interesse mehr daran, Danzig und die exterritoriale Autobahn mit friedlichen Mitteln zu erhalten. Hitler hatte sich entschlossen, Polen niederzuwerfen und zu zerstückeln. Und – er wollte den Krieg noch in diesem Monat. Alle Zugeständnisse, auch weitergehender Art, würden seine Pläne, »Raum« zu gewinnen, zunichte machen. Über seine eigentlichen Fernziele sprach er ganz offen mit Professor Carl Jacob Burckhardt, dem Hohen Kommissar des Völkerbundes in Danzig. Am 11. August erklärte er ihm in einem Gespräch auf dem Berghof: »Alles, was ich unternehme, ist gegen Rußland gerichtet. Wenn der Westen zu dumm und zu blind ist, um das zu begreifen, werde ich gezwungen sein, mich mit den Russen zu verständigen, den Westen zu schlagen, und dann nach seiner Niederlage mich mit meinen versammelten Kräften gegen die Sowjetunion wenden. Ich brauche die Ukraine, damit man uns nicht wieder wie im letzten Krieg aushungern kann.«

Am 23. August 1939 unterzeichnete der sowjetische Außenminister Molotow (hinter ihm Ribbentrop) in Moskau den Nichtangriffspakt zwischen Deutschland und der Sowjetunion. »Prost auf die neue Freundschaft«, sagte Stalin bei der Feier hinterher. Das Zweckbündnis der ideologischen Todfeinde sollte indes keine zwei Jahre halten

11. August 1939: Der italienische Außenminister Graf Ciano kommt zu einer Konferenz mit Ribbentrop auf dessen Landsitz in Fuschl. Mussolini ist voller Sorge, daß Hitler ihn in einen Krieg hineinreißen könnte. Sein Widerstreben, um Deutschlands Drang nach Osten wegen italienisches Blut vergießen zu sollen, ist ganz offensichtlich. Eigentlich war Ende Juli ein Treffen der beiden Diktatoren am Brenner vorgesehen. Doch als Mussolini eine Sechsmächtekonferenz anregt, um Deutschlands berechtigte Ansprüche zu befriedigen und gleichzeitig den Frieden zu bewahren, kühlen die Beziehungen sich so weit ab, daß Hitler Ausflüchte findet, das Treffen hinauszuschieben. Aus Weizsäckers Tagebuch: »Zum erstenmal empfinden wir die italienische Allianz als Fessel . . . Ribbentrop garantiert englische und französische Neutralität, wenn wir in den ersten drei Tagen, wie er sicher glaubt, den Polen vernichtende Schläge erteilen.«

Mussolini hat sich entschlossen, Graf Ciano allein nach Deutschland zu schicken. Und jetzt sitzt der italienische Außenminister seinem deutschen Kollegen in dessen Schloß gegenüber. Ohne große Präliminarien sagt Ribbentrop ihm die bittere Wahrheit: An Deutschlands Entschluß, Polen zu überfallen, sei nicht mehr zu rütteln. Cianos Einwand, ein solcher Krieg wäre nicht auf Polen zu begrenzen, wird von Ribbentrop zurückgewiesen. Der deutsche Außenminister wettet eine Sammlung alter deutscher Waffen gegen ein italienisches Gemälde, daß England und Frankreich neutral bleiben werden. (Er hat die Wette nie eingelöst.) Ciano ist entsetzt über die Arroganz des Deutschen. Das Abendessen im Weißen Rößl am Wolfgangsee verläuft einsilbig und unfroh.

Tags darauf trifft Ciano auf dem Berghof mit Hitler selbst zusammen. Hier erfährt er sogar den Termin des vorgesehenen Angriffs: Ende August.

Während des Gesprächs stürzt plötzlich Legationsrat Hewel aufgeregt mit einem Telegramm in Hitlers Arbeitszimmer. Die Nachricht ist von Botschafter Schulenburg aus Moskau. Triumphierend liest Hitler seinem Gast vor: »Die Russen sind mit der Entsendung eines deutschen politischen Unterhändlers nach Moskau einverstanden.« Der Fisch hat angebissen. Jetzt kann Hitler die britischen und französischen Unterhändler in London überspielen, Rußland aus der Front gegen Deutschland herausbrechen.

Am 13. August schreibt Ciano in sein Tagebuch: »Ich kehre nach Rom zurück, angeekelt von Deutschland, von seinen Führern, von seiner Handlungsweise. Sie haben uns belogen und betrogen. Und heute sind sie im Begriff, uns in ein Abenteuer hineinzureißen, das wir nicht gewollt haben . . .«

15. August: Von Hitlers festem Entschluß, Polen anzugreifen, von seiner zynischen Bemerkung, daß Danzig ihm nur ein Vorwand sei, weiß man in London offenbar nichts. Eine Instruktion des britischen Außenministers Lord Halifax an seinen Warschauer Botschafter Kennard lautet: »Sagen Sie Beck, er soll Deutschland klarmachen, daß er jederzeit bereit ist, die Möglichkeiten für Verhandlungen über Danzig zu prüfen.« Und der britische Botschafter in Berlin, Neville Henderson, schreibt tags darauf nach London: »Ich halte Hitler, was Danzig und den Korridor betrifft, für einen gemäßigten Mann.« In London heißt die Losung noch immer: Appeasement.

In Moskau geraten die französisch-britisch-russischen Militärbesprechungen in eine Sackgasse. Moskaus Bedingung: Im Falle eines deutschen Angriffs müssen russische Truppen die Erlaubnis erhalten, polnisches Gebiet zu durchqueren. Aber Polen ist nicht bereit, auch nur einem einzigen russischen Soldaten das Betreten des Landes zu erlauben. Becks Furcht vor Rußland ist größer als die Furcht vor Deutschland. Die polnische Weigerung hat eine katastrophale Folge: Sie vernichtet jede Aussicht auf ein englisch-französisches Abkommen mit Rußland. Eine Woche später hat Stalin einen neuen Verbündeten: Hitler.

20. August, 18.45 Uhr: Der nationalsozialistische Diktator Adolf Hitler kabelt an den kommunistischen Diktator Josef Stalin: »Die Spannung zwischen Deutschland und Polen ist unerträglich geworden . . . Jeden Tag kann eine Krise ausbrechen. Deutschland ist jedenfalls entschlossen, diesen Zumutungen gegenüber von jetzt an die Interessen des Reiches mit allen Mitteln wahrzunehmen . . . Es ist meine Auffassung, daß es bei der Absicht der beiden Reiche, in ein neues Verhältnis zueinander zu treten, zweckmäßig ist, keine Zeit zu verlieren. Ich schlage Ihnen daher vor, meinen Außenminister am Dienstag, dem 22. August,

zu empfangen. Der Reichsaußenminister hat umfassendste Generalvollmacht zur Abfassung und Unterzeichnung eines Nichtangriffspaktes sowie des Protokolls ... Ich würde mich freuen, Ihre baldige Antwort zu erhalten. Adolf Hitler.«

21. August, 21.35 Uhr: Der kommunistische Diktator Josef Stalin kabelt dem nationalsozialistischen Diktator Adolf Hitler: »Die Sowjetregierung hat mich beauftragt, Ihnen mitzuteilen, daß sie einverstanden ist mit dem Eintreffen des Herrn von Ribbentrop in Moskau am 23. August. J. Stalin.«

Der 23. August. Das ist der von Hitler vorgesehene »Tag X minus 2.«

Kurz nach 23 Uhr unterbricht der deutsche Rundfunk sein Musikprogramm mit der Durchsage: »Die Reichsregierung und die Sowjetregierung sind übereingekommen, einen Nichtangriffspakt abzuschließen. Der Reichsminister des Auswärtigen, von Ribbentrop, wird am Mittwoch, dem 23. August, in Moskau eintreffen, um die Verhandlungen zum Abschluß zu bringen.«

England und Frankreich sind in Moskau endgültig matt gesetzt. Zwei Tage später – nach Abschluß des Moskauer Vertrages – hat Hitler die direkte Zusage der Sowjetunion, England und Frankreich nicht zur Seite zu stehen, falls diese in Erfüllung ihrer Vertragspflichten einem angegriffenen Polen zu Hilfe kommen würden. Und – wie in den Zeiten der russischen und preußischen Monarchien haben sich der faschistische Diktator Deutschlands und der kommunistische Diktator Rußlands in einem geheimen Zuatzabkommen auch gleich im besten Einvernehmen über die Aufteilung Polens untereinander geeinigt.

23. August: Dreißig deutsche Divisionen setzen sich in Richtung auf die polnische Grenze in Bewegung. Rydz-Smigly läßt zwei Drittel der polnischen Armee mobil machen. Lord Halifax mahnt den polnischen Botschafter in Berlin, Hitler sofort zu Verhandlungen aufzusuchen. Hitler ist auf dem Obersalzberg. Lipski wird in Berlin von Hermann Göring empfangen, seinem langjährigen Jagdfreund. Göring: »Ja, mein lieber Herr Lipski, es tut mir sehr leid, aber in dieser Sache habe ich keinen Einfluß mehr.«

Unterdessen ist der britische Botschafter Henderson bei Hitler auf dem Berghof. Nach der Unterredung kabelt er an Lord Halifax nach London: »Hitler ist äußerst gereizt und unnachgiebig.«

Seine Mission war zu Ende: Am 3. September 1939 verließ Englands Botschafter Neville Henderson nach Abgabe der britischen Kriegserklärung Berlin

25. August: Lord Halifax glaubt eine Formel gefunden zu haben, die es England ermöglicht, seine Verpflichtungen gegenüber Polen zu erfüllen, ohne in Feindseligkeiten mit Deutschland verwickelt zu werden. Er schlägt vor, im Falle eines deutschen Angriffs solle England verlangen, daß die deutschen Truppen »innerhalb einer festgesetzten Zeit« in ihrem Vormarsch innehielten, um dann in Verhandlungen einzutreten. Becks Antwort: »Wir möchten, daß England uns bei einem deutschen Angriff militärisch unterstützt und nicht über Polens verstümmelten Körper Verhandlungen führt.« Beck und sein Londoner Botschafter Raczynski setzen sich durch. Am gleichen Tag wird der englisch-polnische Beistandspakt geschlossen. Allerdings: Der Pakt enthält kein Wort über Danzig. Sowohl Chamberlain als auch Halifax haben beschlossen, die Berechtigung der deutschen Forderung nach Rückgliederung des Freistaates anzuerkennen.

Am Nachmittag nämlich ist Henderson wieder bei Hitler gewesen. Der Brite glaubt noch immer an Hitlers Behauptung, daß Deutschland über die Rückgabe Danzigs hinaus keine weiteren Differenzen mit Polen habe. An Halifax telegraphiert er: »Hitler hat ruhig und vernünftig gesprochen. Ich war von seiner offensichtlichen Ehrlichkeit und Aufrichtigkeit beeindruckt.« Was Henderson nicht wußte: Vor zwei Tagen schon hatte Hitler den Termin für den Überfall auf Polen festgesetzt: Samstag, 26. August, 4.30 Uhr.

25. August, 18 Uhr: Alle Funk-, Telegrafen- und Telefonverbindungen mit dem Ausland sind gesperrt. Das Auswärtige Amt hat die deutschen Staatsbürger in Polen, England und Frankreich auffordern lassen, diese Länder auf dem schnellsten Wege zu verlassen.

20.30 Uhr: Der bereits angelaufene »Fall Weiß« wird gestoppt. Hitler hat Keitel den Befehl erteilt: »Sofort alles anhalten!!!« Was ist geschehen?

Hitlers Achsenpartner Mussolini hat im kritischen Moment kalte Füße bekommen. Um 18 Uhr hatte Botschafter Attolico Hitler ein Schreiben Mussolinis übergeben, in dem der Italiener zwischen den Zeilen fordert, ihn von den Bündnisverpflichtungen des »Stahlpaktes« zu entbinden. Mussolini: »Bei unseren Begegnungen war der Krieg für nach 1942 vorgesehen, und zu jener Periode wäre ich zu Lande, zur See und in der Luft fertig gewesen, gemäß den verabredeten Plänen.« Gegenwärtig aber ist der Duce nicht kriegsbereit. Deutschland hat Rußlands wohlwollende Neutralität gewonnen, aber seinen Stahlpakt-Bundesgenossen zunächst einmal verloren. Hitler braucht Zeit zum Nachdenken. Über den persönlichen Eindruck, den der Führer bot, hat ein Augenzeuge berichtet: »Übernächtigt, zerfahren, Stimme brüchig, zerfallen.«

Schließlich findet er sich damit ab, daß Mussolini sich bereit erklärt, ihn politisch, propagandistisch und psychologisch zu unterstützen und ihm italienische Arbeitskräfte nach Deutschland zu schicken.

26. August: Hitler gibt einen neuen Angriffstermin an Keitel: 1. September. Jetzt hat er sich eine neue außenpolitische Taktik vorgenommen: Er will einen Keil zwischen Polen und England

treiben. Er will Chamberlain einen Vorwand geben, sich seinen Verpflichtungen gegenüber Polen zu entziehen, ohne das Gesicht zu verlieren. England soll die Forderungen *annehmen*, die Polen *ablehnt*. Da Polen niemals einwilligen wird, kann man ihm dann den Schwarzen Peter zuschieben. Hitlers inoffizieller Mittelsmann ist Birger Dahlerus, schwedischer Kaufmann, ein Freund Görings. In den letzten Tagen des Friedens reist der unermüdliche Schwede zwischen Berlin, Stockholm und London hin und her. In einem entscheidenden Augenblick der Weltpolitik übernimmt ein Amateurdiplomat eine Schlüsselrolle.

Letzte Vermittlungsversuche

28. August, 14 Uhr: Dahlerus' Mission trägt ihre ersten Früchte: Halifax kabelt dem britischen Botschafter in Warschau: »Suchen Sie sofort Außenminister Beck auf, bitten Sie ihn, die britische Regierung zu autorisieren, Berlin mitzuteilen, daß Polen bereit ist, unverzüglich in direkte Verhandlungen mit Deutschland einzutreten.« Beck gibt die gewünschte Autorisierung. Um 22.30 Uhr überreicht Henderson Hitler die entsprechende britische Note.

29. August, 1.30 Uhr: Dahlerus erhält einen Anruf aus der Reichskanzlei. Göring läßt ihm ausrichten: »Die englische Note ist höchst befriedigend. Es besteht Hoffnung, daß die Kriegsgefahr vorüber ist.« Um 10.30 Uhr vormittags schüttelt Göring Dahlerus die Hand: »Der Frieden ist gesichert!«

Ein berechnetes Theater: Man zeigt sich nach London kompromißbereit und verlangt gleichzeitig von Warschau Unmögliches.

Bereits am Abend kommt für Botschafter Henderson die kalte Dusche: In seiner offiziellen Antwort auf die britische Note verlangt Hitler ultimativ die Entsendung eines bevollmächtigten polnischen Unterhändlers »binnen 24 Stunden«. Hitlers Gespräch mit dem Botschafter artet in eine in der Geschichte der Diplomatie einzigartige Szene aus. Hitler brüllt, beleidigt den Botschafter. Und der Engländer reagiert plötzlich unorthodox: Er brüllt zurück, er überschreit Hitler. Der ist verdutzt. Er wütet weiter, aber mit gedämpfter Stimme. Henderson verläßt die Reichskanzlei, nach seinen eigenen Worten »voll der düsteren Vorahnungen und wegen der eigenen Unzulänglichkeit deprimiert«.

30. August, gegen Mitternacht: Ribbentrop empfängt Botschafter Henderson. Der erklärt ihm, die britische Regierung sei nicht in der Lage, Polen zu veranlassen, so rasch einen Unterhändler zu einer so ungewöhnlichen Verhandlungsprozedur nach Berlin zu schicken. London schlägt der deutschen Regierung vor, die üblichen diplomatischen Kanäle zur Anbahnung direkter Verhandlungen zu benutzen. Im übrigen könne man von der polnischen Regierung nur dann Zurückhaltung erwarten, wenn die deutsche Regierung sich ihrerseits Zurückhaltung auferlege. Es wird eine stürmische Unterredung. Als Henderson vorschlägt, den polnischen Botschafter herbeizurufen und ihm die deutschen Vorschläge zur Weiterleitung nach Warschau zu übergeben, bekommt Ribbentrop einen Wutanfall. Gesandter Dr. Paul Schmidt: »Ich fürchtete, die Männer würden jeden Moment von Worten zu Handgreiflichkeiten übergehen.«

Und jetzt, in dieser Unterredung, wird es auch dem bisher so geduldigen Henderson endlich klar, daß Hitler und Ribbentrop die ganzen letzten Tage falsch gespielt haben. Daß sie gar keine Verhandlungen mit Polen wollen. Daß der ganze Notenwechsel der letzten Tage lediglich eine Alibifunktion haben sollte. Henderson fühlt sich mißbraucht. Als er von Ribbentrop eine Kopie der deutschen Vorschläge erbittet, die man dem Unterhändler machen wollte, entgegnet dieser kalt, diese Vorschläge seien jetzt überholt, denn es sei ja kein polnischer Unterhändler eingetroffen.

Auf dem Papier klingen die Vorschläge an sich nicht unvernünftig. Hitler verlangt lediglich die Rückkehr Danzigs. Über die

Der Gleiwitzer Sender, nahe bei der polnischen Grenze gelegen, wurde als Schauplatz für den, wie Hitler es nannte, »propagandistischen Anlaß zur Auslösung des Krieges« auserkoren. Männer von Heydrichs Sicherheitsdienst inszenierten hier am 31. August 1939 in polnischen Uniformen einen »Überfall« und »besetzten« kurzzeitig den Sender – für Hitler Grund genug, am nächsten Tag zu behaupten, die Polen hätten nun »auch auf unserem eigenen Territorium« geschossen

Zukunft des Korridors solle in 12 Monaten eine Volksabstimmung entscheiden. Polen soll den Hafen Gdingen behalten. Jenes Land, das nach der Volksabstimmung den Korridor erhielte, solle dem anderen exterritoriale Autobahnen und Eisenbahnlinien gewähren. Doch die Vorschläge sind nur taktisches Kalkül. Hitler hat sie niemals ernstgemeint. Später hat er vor Zeugen zugegeben: »Ich brauchte lediglich ein Alibi!«

Und dennoch ist Henderson in der Nacht vom 30. zum 31. August noch hoffnungsvoll. Um 2 Uhr morgens weckt er den polnischen Botschafter Lipski, empfiehlt eine sofortige Zusammenkunft zwischen Marschall Rydz-Smigly und Göring.

31. August, 13.35 Uhr: Oberst Beck ist zu Verhandlungen bereit. Botschafter Lipski sucht um eine Unterredung mit Ribbentrop nach. Um 18.15 Uhr wird er vorgelassen. Ribbentrop fragt ihn, wo er die nötigen Vollmachten als Unterhändler habe. Lipski antwortet, er habe die Anweisung, eine Erklärung zu übergeben, daß die polnische Regierung zu baldigen direkten Verhandlungen bereit sei. Daraufhin verabschiedet Ribbentrop ihn kühl. Als er in die Botschaft zurückgekehrt ist, kann er keine Verbindung mehr mit Warschau aufnehmen. Seine Telefonleitung ist unterbrochen.

Während Lipski bei Ribbentrop ist, gibt Hitler die »Weisung Nr. 1 für die Kriegführung« heraus. Angriffstermin 1. September, 4.45 Uhr. Die Zeit ist von Hitler handschriftlich mit Rotstift eingefügt.

21 Uhr: Hitlers »Friedensvorschläge« an Polen werden als Alibi über alle deutschen Sender übertragen. Zur gleichen Zeit stürmen SS-Männer in polnischen Armeeuniformen den deutschen Sender in Gleiwitz. Die propagandistischen Vorbereitungen zum Überfall auf Polen sind abgeschlossen. Im Morgengrauen des nächsten Tages rücken die deutschen Armeen über die Grenze.

1. September 1939, kurz nach 10 Uhr: Auf dem Podium des Reichstags sagt Hitler: »Polen hat nun heute nacht zum erstenmal auch auf unserem eigenen Territorium durch reguläre Soldaten geschossen. Seit 5.45 (Hitler irrt sich um eine Stunde!) wird jetzt zurückgeschossen!«

Aber noch immer wird nicht von »Krieg« gesprochen. Und

noch immer weigert Hitler sich, zu glauben, daß England und Frankreich ihre Verpflichtungen einhalten werden. Erst gegen Abend überreichen die Botschafter Henderson und Coulondre gleichlautende Noten, die noch nicht einmal ein Ultimatum enthalten, sondern lediglich warnen, daß die Regierungen ihre Verpflichtungen gegenüber Polen erfüllen würden, falls Deutschland nicht alle Aggressivhandlungen gegen Polen einstellt.

2. September, 10 Uhr: Mussolini macht einen Versuch in letzter Minute, ein neues »München« zustande zu bringen. Die Aussichten in Paris und London scheinen ihm gut. Aber Hitler und Ribbentrop lassen den Duce abfahren. Nur wenn Mussolini bestätigen könne, daß es sich bei den englischen und französischen Noten *nicht* um Ultimaten handele, würde der Führer ihm in zwei bis drei Tagen antworten. Als Botschafter Attolico auf eine raschere Antwort drängt, sagt Ribbentrop ihm eine Antwort schließlich für Sonntag, den 3. September, mittags, zu.

Um 19 Uhr am 2. September sind auch Mussolinis Hoffnungen zunichte. Lord Halifax teilt ihm mit, England würde seinen Konferenzvorschlag nur annehmen, wenn Hitler bereit sei, seine Truppen aus Polen bis zur deutschen Grenze zurückzuziehen. Dazu aber ist Hitler unter keinen Umständen bereit.

Und doch bringen die fieberhaften Verhandlungen Rom-Paris-London in Hitler eine gefährliche Euphorie zustande: England und Frankreich werden nicht kämpfen, glaubt er. Er weiß doch, wie gern die beiden Länder sich aus ihren Verpflichtungen gegenüber dem bedrängten Polen herauswinden würden.

Sonntag, der 3. September 1939. Ein strahlender Altweibersommermorgen. Seit Tagen rücken deutsche Truppen ohne formelle Kriegserklärung von Norden, Westen und Süden auf die Weichsel vor. Sturzkampfflugzeuge bombardieren Warschau und andere polnische Städte. Für die Funkpeilung dient ihnen ein ständig wiederkehrendes Signal des sowjetrussischen Radiosenders Minsk. Das deutsche Linienschiff »Schleswig-Holstein« liegt in der Danziger Bucht und beschießt die polnischen Befestigungen auf der Westerplatte. Der Freistaat Danzig ist von deutschen Truppen besetzt worden und formell »heimgekehrt« ins Reich.

Berlin, 9 Uhr morgens. Der britische Botschafter Sir Neville

Henderson betritt das Portal des Reichaußenministeriums in der Wilhelmstraße 76. In seiner Aktentasche trägt er ein Dokument, das er fünf Minuten später im Amtszimmer des Außenministers dem Gesandten und Dolmetscher Dr. Paul Schmidt vorliest. Dr. Schmidt, der nur drei Stunden geschlafen hat, wird bleich, als Henderson zu dem folgenschweren Satz kommt: »Wenn die Regierung Seiner Majestät nicht vor 11 Uhr britischer Sommerzeit befriedigende Zusicherungen über die Einstellung aller Angriffshandlungen gegen Polen und die Zurückziehung der deutschen Truppen aus diesem Lande erhalten hat, so besteht von diesem Zeitpunkt ab der Kriegszustand zwischen Großbritannien und Deutschland.«

Mit dem Dokument eilt Dr. Schmidt in die Reichskanzlei. Nur unter Schwierigkeiten dringt er zu Hitler vor. Adolf Hitler sitzt am Schreibtisch seines riesigen Arbeitszimmers. Am Fenster steht Außenminister von Ribbentrop. Langsam übersetzt Schmidt das Ultimatum der britischen Regierung. Nach dem letzten Satz herrscht Totenstille. Regungslos, wie versteinert, sitzt Hitler da, starrt vor sich hin. Dann wendet er langsam seinen Kopf zu Ribbentrop. »Was nun?« fragt er leise. Ebenso leise erwidert der Außenminister: »Ich nehme an, daß die Franzosen uns in der nächsten Stunde ein gleichlautendes Ultimatum übergeben werden.«

Birger Dahlerus wird in die Reichskanzlei gerufen. Hitler bittet ihn, sofort in London anzurufen. Er, Hitler, sei bereit, Hermann Göring sofort als bevollmächtigten Sonderbotschafter auf dem Luftweg nach London zu schicken, um zu verhandeln. Zehn Minuten vor Ablauf des Ultimatums kommt die Verbindung zustande. Dahlerus hat Lord Halifax am Apparat. Der Schwede unterbreitet ihm Hitlers Angebot. Die Antwort des britischen Außenministers ist kühl und knapp: »Die Regierung Seiner Majestät sieht sich außerstande, auf diesen Vorschlag einzugehen. Die Regierung Seiner Majestät hat der deutschen Reichsregierung eine definitive Frage gestellt und erwartet darauf eine definitive Antwort. Die Regierung Seiner Majestät hat keine Zeit mehr zu Diskussionen mit Herrn Feldmarschall Göring.«

Jetzt erst weiß Hitler, daß die Zeit der Bluffs vorbei ist.

Dokumente 1938/39

»Ist dies das Ende eines alten Abenteuers oder ist es der Anfang eines neuen?« fragte Großbritanniens Premier Chamberlain nach dem deutschen Einmarsch in die Tschechoslowakei (Dokument Nr. 14) – wie auch schon aus Botschafter Coulondres Warnung (Nr. 9) ersichtlich, bereitete sich ein Umschwung in der Haltung des Auslands vor. Auch unter Hitlers bisherigen Helfern gab es Stimmen, die zur Umkehr rieten (Nr. 11). Doch unbeirrbar schritt Hitler voran. Nach dem »Anschluß« Österreichs (Nr. 7 und 8) das Sudetenland, dann das »Protektorat Böhmen und Mähren« (Nr. 10 enthält den Angriffsplan), das Memelgebiet, schließlich der Kurs auf Polen ... Dahinter zeichnete sich bereits das Fernziel Sowjetunion ab, auch wenn es nach Abschluß des Nichtangriffspakts so aussehen sollte, als hätten Hitler und Stalin dicke Freundschaft geschlossen. Der Pakt war nur als kurzes Stillhalten gedacht, solange noch der Staat Polen zwischen dem deutschen Reich und der Sowjetunion lag (Nr. 18).

Daneben lief die Einstimmung auf den Krieg. Wochen und Monate bevor er wirklich ausbrach, wurden die »Lagen« durchgespielt (Nr. 17), wurden die Menschen für die bevorstehenden Auseinandersetzungen eingeteilt (Nr. 15) und fitgemacht (Nr. 13), wurde die »erzieherische« Wirkung des Krieges gepriesen (Nr. 12). Hitlers Dynamik setzten die Westmächte eine schlichte Mechanik entgegen: Garantie für Polen (Nr. 16). Würde Hitler angreifen, kämen England und Frankreich zu Hilfe. Hitler griff an (Nr. 19) und bekam die Kriegserklärung (Nr. 20).

Ich bluffe nicht

Dokument Nr. 7: Unterredung zwischen Hitler und dem österreichischen Bundeskanzler Schuschnigg, 12. 2. 1938

Hitler: Ich sage Ihnen, ich werde die ganze sogenannte österreichische Frage lösen, und zwar so oder so! . . . Glauben Sie nur nicht, daß mich jemand in der Welt in meinen Entschlüssen hindern wird! Italien? – Mit Mussolini bin ich im reinen; ich bin mit Italien aufs engste befreundet. England? – England wird keinen Finger für Österreich rühren . . . Alle Welt muß wissen, daß es für eine Großmacht einfach unerträglich ist, wenn an ihren Grenzen jeder kleine Staat glaubt, sie provozieren zu können. Ich habe lange genug untätig zugesehen. Weil ich immer noch hoffte, daß die Vernunft die Oberhand bekäme. Aber das ist einfach unmöglich, daß in Österreich einer, bloß weil er ein Lied singt, das Ihnen nicht paßt, oder »Heil Hitler« sagt, ins Gefängnis kommt. Die Verfolgung der Nationalsozialisten muß ein Ende haben, sonst werde ich ein Ende machen.

Schuschnigg: In Österreich wird niemand verfolgt, der sich nicht gegen die Gesetze vergeht. Unsere Gesetze und die Verfassung, die keine Parteien kennt, hat das Reich im Abkommen vom 11. Juli 1936 selbst anerkannt . . .

Hitler: Ich will Ihnen jetzt noch einmal, zum letztenmal, die Gelegenheit geben, Herr Schuschnigg. Entweder wir kommen zu einer Lösung, oder die Dinge sollen laufen; wir werden dann ja sehen, wie das werden wird . . . Ich habe nur mehr Zeit bis heute nachmittag. Wenn ich Ihnen das sage, dann tun Sie gut daran, mich wörtlich zu nehmen. Ich bluffe nicht. Meine ganze Vergangenheit beweist dies zur Genüge. Ich habe noch alles erreicht, was ich wollte.

Sorgfältig ausgedachter Angriffsplan

Dokument Nr. 8: Churchill vor dem Unterhaus, 14. 3. 1938

Die Tragweite des Ereignisses vom 12. März läßt sich nicht übertreiben. Europa sieht sich vor einem Angriffsplan, der sorgfältig ausge-

Schwere Flak bei einer Militärvorführung auf dem Nürnberger Reichsparteitagsgelände. Kaum einer der Zuschauer wird geahnt haben, wie schnell es mit der »Verteidigung des Luftraums« bitterer Ernst werden würde

dacht und zeitlich berechnet ist und sich von Stufe zu Stufe entwikkelt, und es steht nur eine einzige Wahl offen, nicht nur für uns, sondern auch für andere Länder: sich entweder wie Österreich zu unterwerfen, oder wirksame Maßnahmen zu treffen, solange noch Zeit ist, die Gefahr abzuwenden, und falls sie nicht abgewendet werden kann, ihr zu begegnen . . . Wenn wir weiterhin auf die Ereignisse warten – wieviele unserer Hilfsmittel werden wir uns damit verscherzen, die jetzt noch für unsere Sicherheit und für die Erhaltung des Friedens zur Verfügung stehen? Wieviele Freunde werden sich uns entfremden, wieviele mögliche Verbündete werden wir einen nach dem anderen im grauenhaften Abgrund verschwinden sehen? Wie oft noch wird der Bluff Erfolg haben, bis hinter dem Bluff unablässig zunehmende Kräfte sich zur Wirklichkeit zusammengeballt haben?

Hitler wird ermutigt

Dokument Nr. 9: Memorandum des französischen Botschafters in Moskau, Coulondre, März 1938

Es ist klar, daß die Unternehmungen Hitlers wie Glieder einer Kette ineinandergreifen und daß jedes Glied, indem es sich schließt, ein weiteres erfaßt: Wiederaufrüstung, Wiedereinführung der allgemeinen Wehrpflicht, Wiederbesetzung des Rheinlandes, Anschluß Österreichs. Ebenso klar ist es, daß die bisherige passive Haltung der Westmächte nur dazu angetan ist, Hitler zu ermutigen, seiner Kette weitere Glieder anzufügen, und daß er, wenn überhaupt, so nicht eher einhalten wird, als bis alle deutschsprachigen Bevölkerungsteile in Europa dem Reich einverleibt sind –, es sei denn, daß ihm der Weg dazu verlegt wird.

Den Westmächten bleibt also keine andere Wahl, als entweder den Dingen ihren Lauf zu lassen, in der Hoffnung daß Hitler sich in einen Kampf mit dem Osten einlassen wird, oder aber die Stellung zu beziehen, die für einen Widerstand die günstigste ist. Wollen sie alles laufen lassen, so können sie tatsächlich damit rechnen, daß Hitler im Osten den »Lebensraum« sucht, von dem er bereits spricht. Dabei wird er zuerst auf Polen stoßen, und hier ergeben sich zwei Möglichkeiten: entweder wird er gegen Polen kämpfen oder aber sich seiner Mitwirkung beim Angriff auf Rußland versichern. In beiden Fällen wäre für Frankreich der casus foederis gegeben . . .

Da Frankreich und infolgedessen auch England früher oder später doch mit Hitler zusammenstoßen müssen, bietet die Tschechoslowakei die für den Widerstand günstigste Stellung, zweifellos aber die letzte Möglichkeit für die Alliierten, den Frieden zu retten.

Vernichtung der Tschechoslowakei

Dokument Nr. 10: Hitlers Weisung »Grün«, 30. 5. 1938

1. Politische Voraussetzungen. Es ist mein unabänderlicher Entschluß, die Tschechoslowakei in absehbarer Zeit durch eine militärische Aktion zu zerschlagen. Den politisch und militärisch geeigneten Zeitpunkt abzuwarten oder herbeizuführen, ist Sache der politischen Führung.

Eine unabwendbare Entwicklung der Zustände innerhalb der Tschechoslowakei oder sonstige politische Ereignisse in Europa, die eine überraschend günstige, vielleicht nie wiederkehrende Gelegenheit schaffen, können mich zu frühzeitigem Handeln veranlassen.

Die richtige Wahl und entschlossene Ausnützung eines günstigen Augenblicks ist die sicherste Gewähr für den Erfolg. Dementsprechend sind die Vorbereitungen unverzüglich zu treffen.

2. Politische Möglichkeiten für den Beginn der Aktion. Als Voraussetzung für den beabsichtigten Überfall sind notwendig:

a) ein geeigneter äußerer Anlaß und damit
b) eine genügende politische Rechtfertigung,
c) ein für den Gegner unerwartetes Handeln, das ihn in einem möglichst geringen Bereitschaftsgrad trifft.

Militärisch und politisch am günstigsten ist blitzschnelles Handeln auf Grund eines Zwischenfalls, durch den Deutschland in unerträglicher Weise provoziert wurde und der wenigstens zu einem Teil der Weltöffentlichkeit gegenüber die moralische Berechtigung zu militärischen Maßnahmen gibt . . .

3. Folgerungen für die Vorbereitungen des Falles »Grün«.

a) Für den Waffenkrieg kommt es darauf an, das Moment der Überraschung als wichtigsten Faktor des Sieges durch entsprechende Bereitschaftsmaßnahmen schon im Frieden und durch einen unerwarteten schnellen Ablauf der Aktion in höchstem Maße auszunutzen.

Dadurch muß schon in den ersten zwei bis drei Tagen eine Lage geschaffen werden, die interventionslüsternen gegnerischen Staaten die Aussichtslosigkeit der tschechischen militärischen Lage vor Augen führt sowie den Staaten, die territoriale Ansprüche an die Tschechoslowakei haben, einen Anreiz zum sofortigen Eingreifen gegen die Tschechoslowakei gibt . . .

b) Der Propagandakrieg muß einerseits die Tschechei durch Drohungen einschüchtern und ihre Widerstandskraft zermürben, andererseits den nationalen Volksgruppen Anweisungen zur Unterstützung des Waffenkrieges geben und die Neutralen in unserem Sinne beeinflussen.

Warnung an England

Dokument Nr. 11: Mündliche Botschaft des deutschen Geschäftsträgers in London, 7. 9. 1938

Außergewöhnliche Zeiten erfordern außergewöhnliche Mittel. Heute komme ich zu Ihnen nicht in meiner Eigenschaft als deutscher Geschäftsträger, sondern als Sprecher politischer und militärischer Kreise in Berlin, die mit allen Mitteln einen Krieg verhindern wollen. Die Botschaft an Sie, die ich Ihnen jetzt ausrichten werde, ist sehr sorgfältig überlegt worden, und es scheint uns, daß sie die Aufmerksamkeit der britischen Regierung verdient.

Nach unserer genauen Kenntnis plant Hitler einen Angriff auf die Tschechoslowakei und nimmt an, daß der daraus entstehende Krieg lokalisiert werden könnte, das heißt, daß Frankreich seine Verpflichtungen der Tschechoslowakei gegenüber gemäß dem Bündnisvertrag vom 25. Januar 1924 und den damit in Zusammenhang stehenden späteren Abmachungen nicht erfüllen werde. Die politischen und militärischen Kreise, für die ich spreche, widersetzen sich aufs äußerste dieser Politik. Wir glauben, daß der Weg zu einer Rückkehr zu den Begriffen von Anstand und Ehre unter europäischen Nationen endgültig versperrt würde, wenn man Hitlers Gewaltpolitik in diesem Augenblick freie Bahn ließe.

Wenn Frankreich willens ist, seine Verpflichtungen gegenüber seinem tschechoslowakischen Verbündeten zu erfüllen, und wenn die

Propagandazeichnungen vom perfekt ausgebauten Bunkersystem des Westwalls, die in deutschen Zeitungen abgedruckt wurden, sollten den Westmächten eine Verteidigungsbereitschaft Deutschlands vorspiegeln, die in Wirklichkeit gar nicht vorhanden war

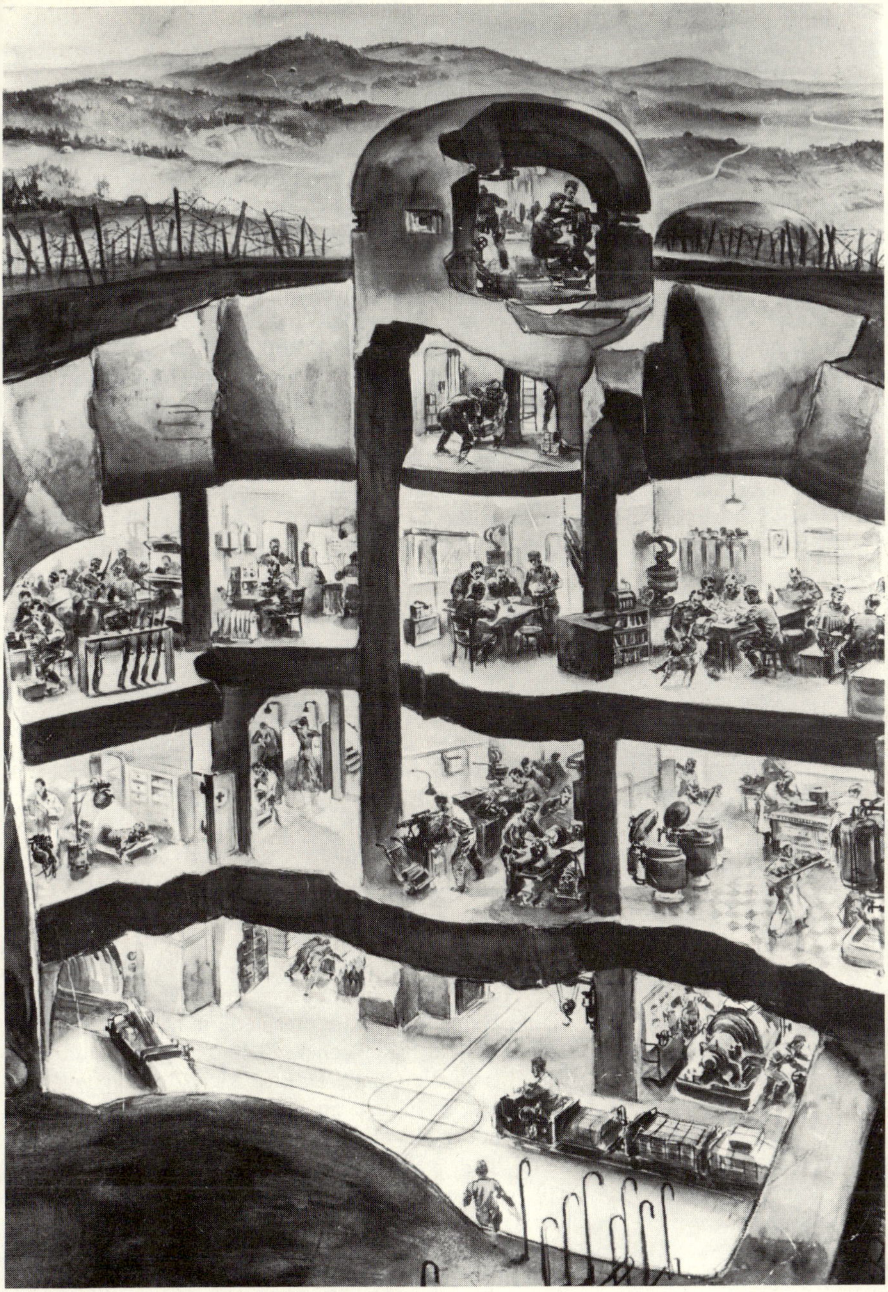

Versicherungen des Premierministers ernst gemeint sind, daß das britische Reich in einem solchen Falle nicht beiseitestehen könne, so betrachten es meine Freunde als notwendig, daß die britische Regierung diesen entscheidenden Tatbestand klar hervortreten läßt. Die Erklärung, die wir vorschlagen, kann nicht unzweideutig und fest genug sein für den Zweck, den wir im Auge haben. Hitler und Ribbentrop werden wahrscheinlich gar nicht wagen, einen Krieg zu beginnen, wenn eine offene britische Erklärung es dem deutschen Volk klar vor Augen führt, daß ein Krieg mit Großbritannien im Falle eines Angriffs auf die Tschechoslowakei unvermeidlich ist. Sollte gleichwohl Hitler auf seiner kriegerischen Politik bestehen, so bin ich in der Lage, Ihnen zu versichern, daß die politischen und militärischen Kreise, für die ich spreche, »sich wappnend gegen eine See von Plagen durch Widerstand sie enden«.

In der deutschen öffentlichen Meinung ebenso wie in verantwortlich denkenden Kreisen der Armee ist Hitlers Krieg unpopulär und wird als Verbrechen gegen die Zivilisation angesehen. Wenn die erbetene Erklärung gegeben wird, sind die Führer der Armee bereit, gegen Hitlers Politik mit Waffengewalt aufzutreten.

Taktische Kniffe

Dokument Nr. 12: Notiz des Staatssekretärs Weizsäcker, September 1938

Durch seine brutal bekundete Absicht, auch auf die Gefahr eines gesamteuropäischen Krieges hin die tschechische Frage jetzt zu lösen, sowie durch den Hinweis, dann in Europa zufriedengestellt zu sein, sei Chamberlain zur Versicherung bewogen worden, die Abtretung des Sudetenlandes an Deutschland betreiben zu wollen. Eine Volksabstimmung habe er, der Führer, nicht ablehnen können. Lehne die Tschechei sie ab, so sei die Bahn für den deutschen Einmarsch frei; füge die Tschechei sich, so komme die Tschechei selbst erst später, zum Beispiel im nächsten Frühjahr, an die Reihe. Die friedliche Erledigung der ersten, sudetendeutschen Etappe habe ja auch ihre Vorzüge.

Daß er für die Zukunft den Krieg in seine Rechnung gestellt hat und weiterschauende Pläne hegt, verbarg der Führer in diesem vertraulichen Gespräch nicht. Er brachte dafür nicht nur nationale, sondern auch mehr erzieherische, vielleicht auch unbewußte, dynamische Beweggründe zum Vorschein. Das Vertrauen auf seine eigene Person, seine Unerschrockenheit im Krieg und in der Politik, seine Verpflichtung, bei seinen Lebzeiten die unausweichliche Auseinandersetzung mit unseren Gegnern zu bewältigen, gab der Führer deutlich zu erkennen. Aus dem Gespräch mit Chamberlain selbst schilderte der Führer eine Reihe von Einzelheiten, Einschüchterungsmethoden und taktischen Kniffen, mit denen er seinen Gesprächspartner in die Ecke florettiert habe.

Wenn es blitzt und donnert

Dokument Nr. 13: Rede Hitlers vor der deutschen Presse, 10. 11. 1938

Die Umstände haben mich gezwungen, jahrzehntelang fast nur vom Frieden zu reden. Nur unter der fortgesetzten Betonung des deutschen Friedenswillens und der Friedensabsichten war es mir möglich, dem deutschen Volk Stück für Stück die Freiheit zu erringen und ihm die Rüstung zu geben, die immer wieder für den nächsten Schritt als Voraussetzung notwendig war. Es ist selbstverständlich, daß eine solche jahrzehntelang betriebene Friedenspropaganda auch ihre bedenklichen Seiten hat; denn es kann nur zu leicht dahin führen, daß sich in den Gehirnen vieler Menschen die Auffassung festsetzt, daß das heutige Regime an sich identisch sei mit dem Entschluß und dem Willen, den Frieden unter allen Umständen zu bewahren. Das würde aber nicht nur zu einer falschen Beurteilung der Zielsetzung dieses Systems führen, sondern es würde vor allem auch dahin führen, daß die deutsche Nation, statt den Ereignissen gegenüber gewappnet zu sein, mit einem Geist erfüllt wird, der auf die Dauer als Defaitismus gerade die Erfolge des heutigen Regimes nehmen würde und nehmen müßte. Der Zwang war die Ursache, warum ich jahrelang nur vom Frieden redete. Es war nunmehr notwendig, das deutsche Volk psychologisch allmählich umzustellen und ihm langsam klarzumachen, daß es Dinge gibt, die, wenn sie nicht mit friedlichen Mitteln durchgesetzt werden können, mit Mitteln der Gewalt durchgesetzt werden müssen. Dazu war es notwendig, nicht etwa nun die Gewalt als solche zu propagieren, sondern es war notwendig, dem deutschen Volk bestimmte außenpolitische Vorgänge so zu beleuchten, daß die innere Stimme des Volkes selbst langsam nach der Gewalt zu schreien begann. Das heißt also, bestimmte Vorgänge so zu beleuchten, daß im Gehirn der breiten Masse des Volkes ganz automatisch allmählich die Überzeugung ausgelöst wurde: wenn man das eben nicht im Guten abstellen kann, dann muß man es mit Gewalt abstellen: so kann es aber auf keinen Fall weitergehen. Diese Arbeit hat Monate erfordert, sie wurde planmäßig begonnen, planmäßig fortgeführt, verstärkt. Viele haben sie nicht begriffen, meine Herren; viele waren der Meinung, das sei doch alles etwas übertrieben. Das sind jene überzüchteten Intellektuellen, die keine Ahnung haben, wie man ein Volk letzten Endes zu der Bereitschaft bringt, geradezustehen, auch wenn es zu blitzen und zu donnern beginnt.

Ende der Abenteuer?

Dokument Nr. 14: Chamberlains Rede in Birmingham, 17. 3. 1939

Deutschland hat der Welt unter seinem jetzigen Regime eine Serie von unangenehmen Überraschungen bereitet. Das Rheinland, der Anschluß Österreichs, die Lostrennung des Sudetengebietes – all diese Dinge erregten und empörten die öffentliche Meinung der ganzen Welt. Jedoch, soviel wir auch einwenden mögen gegen diese Methoden, die in jedem einzelnen dieser Fälle angewandt wurden, etwas ließ sich doch sagen – entweder wegen der rassenmäßigen Zugehörigkeit oder wegen allzulang mißachteter gerechter Ansprüche – etwas ließ sich doch sagen zu Gunsten der Notwendigkeit einer Änderung der vorhandenen Lage.

Aber die Dinge, die sich in dieser Woche unter völliger Mißachtung der von der deutschen Regierung selbst aufgestellten Grundsätze ereignet haben, scheinen zu einer anderen Kategorie zu gehören, und sie müssen uns allen die Frage nahelegen: »Ist dies das Ende eines alten Abenteuers oder ist es der Anfang eines neuen?«

»Ist dies der letzte Angriff auf einen kleinen Staat, oder sollen ihm noch weitere folgen? Ist dies sogar ein Schritt in der Richtung auf einen Versuch, die Welt durch Gewalt zu beherrschen?«

Das sind schwere und ernste Fragen ... Ich glaube nicht, daß irgend jemand meine Aufrichtigkeit in Frage stellen wird, wenn ich sage, was ich nicht für den Frieden zu opfern bereit wäre. Aber etwas gibt es, was ich davon ausnehmen muß, und das ist die Freiheit, die wir seit Hunderten von Jahren genießen und die wir niemals preisgeben werden. Daß unter allen Menschen gerade ich mich aufgerufen

Panzerabwehrkanonen in Stellung. Reichsparteitage wurden im Laufe der Jahre immer mehr zum Schauplatz martialischer Spiele

fühle, dies zu erklären, das mag zeigen, in welchem Maße durch diese Ereignisse das Vertrauen zerstört wurde, das eben ganz leise das Haupt zu heben begann und das, hätte es wachsen dürfen, vielleicht dieses Jahr denkwürdig gemacht hätte durch die Rückkehr ganz Europas zur Gesundheit und zur Stabilität. Ich fühle mich verpflichtet zu wiederholen, daß ich zwar nicht bereit bin, unser Land durch neue, nicht spezifizierte und unter nicht voraussehbaren Bedingungen funktionierende Verpflichtungen zu binden, daß aber kein größerer Fehler begangen werden könnte als der, zu glauben, unsere Nation habe, weil sie den Krieg für eine sinnlose und grausame Sache hält, so sehr ihr Mark verloren, daß sie nicht bis zur Erschöpfung ihrer Kraft einer solchen Herausforderung entgegentreten werde, sollte sie jemals erfolgen. Für diese Erklärung habe ich – davon bin ich überzeugt – nicht nur die Unterstützung, die Sympathie und das Vertrauen meiner Mitbürger und Mitbürgerinnen, sondern ich werde auch die Zustimmung des gesamten britischen Weltreiches und aller anderen Nationen haben, die zwar den Frieden hoch schätzen, aber die Freiheit noch höher.

Menschenbilanz

Dokument Nr. 15: OKW-Bericht über eine Sitzung des Reichsverteidigungsrates, 10. 7. 1939

Der Vorsitzende gab für die Verteilung und den Einsatz der Bevölkerung im Kriege folgende Richtlinien:

Die Gesamtstärke der Kriegswehrmacht ist vom Führer bestimmt. Sie umfaßt nur die Hälfte der tauglichen Wehrpflichtigen. Trotzdem wird ihre Aufstellung Schwierigkeiten für die Wirtschaft, die Verwaltung und den gesamten zivilen Bereich mit sich bringen.

Die Aufstellung einer Menschenbilanz soll die Unterlage zur Beurteilung der Frage bilden, wie der nach Abzug des Wehrmachtbedarfs verbleibende Bestand am zweckmäßigsten eingesetzt wird.

Von gleicher Bedeutung wie der Wehrmachtsbedarf ist derjenige der Rüstungswirtschaft. Sie vor allem muß im Frieden materiell und personell so organisiert werden, daß anstelle eines Absinkens ihrer Lieferungen mit Kriegsbeginn sofort eine Steigerung eintritt.

Der Arbeitseinsatz in der entscheidenden Kriegsausrüstung und für den verbleibenden Zivilbedarf ist Hauptaufgabe des GBW.

a) Zur Kriegsrüstung gehören nicht nur die Erzeugungsstätten von Kriegsgerät, sondern auch von Buna, Waffenbetriebsmitteln, Hydrierungswerke, Kohlenbergbau usw.

b) Aus »kriegsentscheidenden« Betrieben, von deren Leistung der Krieg entscheidend abhängt, können im allgemeinen unentbehrliche und unersetzbare Fachkräfte nicht weggenommen werden, wenn nicht Ersatz für sie vorhanden ist.

Der Kohlenbergbau ist die vordringlichste Arbeit. Jeder Arbeiter, der für den Kohlenbergbau unentbehrlich ist, ist »unabkömmlich«.

Die übrigen »kriegswichtigen« Betriebe können und müssen gewisse Einbußen ertragen, ebenso die »lebenswichtigen« Betriebe, die für das Leben des Volkes Bedeutung haben.

c) Ein wichtiger, wertvoller Facharbeiter wird in seiner Arbeitsstelle nützlicher sein, als an der kämpfenden Front. Die große Zahl der Facharbeiter muß von den für den Dienst in der Wehrmacht nicht mehr in Betracht Kommenden, also den älteren Jahrgängen, gestellt werden.

Eine zweite Kategorie von waffenfähigen Arbeitern kommt nach Ausbildung der Ersatzkräfte während des Krieges zur Truppe.

Die weibliche Arbeitspflicht im Kriege ist von entscheidender Bedeutung. Es ist notwendig, in ganz großem Maße an die Ausbildung der Frauen in kriegswichtigen Arbeiten, zum Ersatz und zur

Ergänzung der männlichen Arbeitskräfte, heranzugehen.

Zur Vermeidung von Unordnung bei der Mob. werden die bearbeitenden Personen in kriegswichtigen Sparten, z. B. Verwaltung, Verkehr, Polizei, Ernährung, zunächst belassen. Nötig ist, Dringlichkeit und Wertmäßigkeit festzustellen.

In dieser Weise ist im Zuge des bei allen europäischen Völkern vorgesehenen zivilen Hilfsdienstes, zur Gewinnung und Erhaltung eines Vorsprungs in den entscheidenden ersten Wochen eines Krieges, durch eine sicher klare Organisierung anzustreben, daß womöglich jeder deutsche Mensch im Kriege nicht nur seine Mob.-Beorderung hat, sondern auch auf seine Kriegstätigkeit sorgfältig vorbereitet ist. Die Arbeitsstätten müssen für die Ersatz- und Verstärkungskräfte eingerichtet sein.

Über das Menschenproblem der Frauenarbeit wird in 4 Wochen Staatssekretär Dr. Syrup um einen abschließenden Vortrag beim Vorsitzenden des RVR gebeten.

Der GBW wird beauftragt, diejenige Arbeit, welche den Kriegsgefangenen, den im Gefängnis, Konzentrationslager und Zuchthaus verbleibenden Menschen zu übertragen ist, festzulegen. – Die Konzentrationslager werden nach Angabe des Reichsführers SS im Kriege stärker belegt werden. Die 20 000 Insassen werden vornehmlich in Werkstätten der Konzentrationslager beschäftigt.

Staatssekretär Dr. Syrup, RAM, trug über den Arbeitseinsatz im Mob.-Falle und die Menschenbilanz für den Krieg vor. Die versuchsweise aufgestellte zahlenmäßige Menschenbilanz konnte nur einen ganz vorbereitenden Charakter haben und nur gewisse Richtlinien geben. Ausgegangen wurde von einer Gesamtbevölkerung von 79 Millionen. Von ihnen stehen im Alter von 14–65 Jahren 56,5 Millionen. Man kann auch auf Männer über 65 Jahre und auf Minderjährige von 13–14 Jahren zurückgreifen. Von den 56,5 Millionen fallen die Gebrechlichen und die Invaliden aus. Der größte Teil der Gefangenen ist schon jetzt in der Wirtschaft beschäftigt. Besonders groß ist der Ausfall von 11 Millionen Müttern von Kindern unter 14 Jahren. Nach Abzug dieser Gruppe verbleibt eine einsatzfähige Bevölkerung von 43,5 Millionen.

Der Vorsitzende bezeichnete Frauen über 60 Jahre für nicht einsatzfähig.

Die Zahl der augenblicklich beschäftigten Arbeiter und Angestellten (zwei Drittel der Erwerbstätigen), verteilt auf die 20 großen Wirtschaftszweige, beträgt ungefähr: 24 Millionen Männer, (ohne 2 Millionen Soldaten), 14 Millionen Frauen. Über die Zahlen, die die Wehrmacht aus den einzelnen Wirtschaftszweigen herausnimmt, lagen noch keine Ergebnisse vor. Deshalb wurde geschätzt, was nach Einziehung der 5 Millionen Soldaten den einzelnen Wirtschaftszweigen verbleibt.

Der Vorsitzende betonte, daß Betriebsführer, Polizei und Wehrmacht Vorkehrungen zum Einsatz von Kriegsgefangenen treffen müssen.

Garantie für Polen

Dokument Nr. 16: Vertragsentwurf der polnischen Regierung, 10. 8. 1939

Seine Majestät der König des Vereinigten Königreiches von Großbritannien und Nordirland und der britischen Gebiete jenseits der Meere, Kaiser von Indien, und der Präsident der Republik Polen haben, um sich gegenseitig Hilfe und Beistand gegen jede wider ihre Unabhängigkeit gerichtete aggressive Aktion zu garantieren, beschlossen, zu diesem Zwecke einen Vertrag zu schließen . . .

Artikel 1:

Im Falle einer Aktion einer europäischen Macht, die dazu angetan ist, die vitalen Interessen einer der beiden Hohen Vertragschließenden Mächte zu bedrohen, und im Falle diese Hohe Vertragschließende Macht ihr mit ihren bewaffneten Streitkräften dagegen Widerstand geleistet hat, wird die andere Hohe Vertragschließende Macht unverzüglich der bedrohten Hohen Vertragschließenden Macht jede in ihrer Macht liegende Hilfe und Beistand leisten.

Artikel 2:

Es gilt als vereinbart, daß sich die Verpflichtung des Artikels 1 des gegenwärtigen Abkommens auf jegliche Aktionen einer europäischen Macht beziehen wird, die sichtbar direkt oder indirekt die Unabhängigkeit der einen oder der anderen Hohen Vertragschließenden Macht bedrohen würde.

Artikel 3:

Wenn eine europäische Macht Versuche unternimmt, die Unabhängigkeit Polens oder des Vereinigten Königreiches durch einen Prozeß der ökonomischen Durchdringung oder auf irgendeine andere Weise

Die fünfstündige Militärparade zu Hitlers 50. Geburtstag am 20. April 1939 führte den in großer Zahl eingeladenen ausländischen Diplomaten, Militärs und Presseleuten das beeindruckende Bild einer hochgerüsteten, disziplinierten Wehrmacht vor

zu unterhöhlen, werden sich die Hohen Vertragschließenden Mächte gegenseitigen Beistand bei Abwehr solcher Versuche leihen.

Dem endgültigen Abkommen beizufügendes Geheimprotokoll:

Die polnische Regierung und die Regierung Seiner Majestät des Vereinigten Königreiches und Nordirlands stimmen überein, die folgende Interpretation des endgültigen Abkommens, das an diesem Tage unterzeichnet wird, als die einzige authentische und verpflichtende für die beiden Hohen Vertragschließenden Mächte anzusehen:

Unter dem Ausdruck »eine europäische Macht«, wie es in dem Verteidigungsabkommen gebraucht wird, ist immer Deutschland zu verstehen.

Herz verschließen gegen Mitleid

Dokument Nr. 17: Ansprachen Hitlers an die Oberbefehlshaber der Wehrmacht, 22. 8. 1939

Es war mir klar, daß es früher oder später zu einer Auseinandersetzung mit Polen kommen mußte. Ich faßte den Entschluß bereits im Frühjahr, dachte aber, daß ich mich zunächst in einigen Jahren gegen den Westen wenden würde und dann erst gegen den Osten. Aber die Zeitfolge läßt sich nicht festlegen. Man darf auch vor bedrohlichen Lagen nicht die Augen schließen. Ich wollte zunächst mit Polen ein tragbares Verhältnis herstellen, um zunächst gegen den Westen zu kämpfen. Dieser mir sympathische Plan war aber nicht durchführbar, da sich Wesentliches geändert hatte. Es wurde mir klar, daß bei einer Auseinandersetzung mit dem Westen Polen uns angreifen würde. Polen strebt den Zugang zum Meer an. Nach der Besetzung des Memelgebietes zeigte sich die weitere Entwicklung, und es wurde mir klar, daß u. U. eine Auseinandersetzung mit Polen zu einem ungünstigen Zeitpunkt kommen könnte. Als Gründe für die Überlegung führe ich an: Zunächst zwei persönliche Bedingungen:

Meine eigene Persönlichkeit und die Mussolinis.

Wesentlich hängt es von mir ab, von meinem Dasein, wegen meiner politischen Fähigkeiten. Dann die Tatsache, daß wohl niemand wieder so wie ich das Vertrauen des ganzen deutschen Volkes hat. In der Zukunft wird es wohl niemals wieder einen Mann geben, der mehr Autorität hat als ich. Mein Dasein ist also ein großer Wertfaktor. Ich kann aber jederzeit von einem Verbrecher, von einem Idioten beseitigt werden.

Der zweite persönliche Faktor ist der Duce. Auch sein Dasein ist entscheidend. Wenn ihm etwas zustößt, wird die Bündnistreue Italiens nicht mehr sicher sein. Die Grundeinstellung des italienischen Hofes ist gegen den Duce. Vor allem der Hof sieht in der Erweiterung des Imperiums eine Belastung. Der Duce ist der nervenstärkste Mann in Italien.

Auf der Gegenseite ein negatives Bild, soweit es die maßgebenden Persönlichkeiten betrifft. In England und Frankreich gibt es keine Persönlichkeit von Format.

Bei uns ist das Fassen von Entschlüssen leicht. Wir haben nichts zu verlieren, nur zu gewinnen. Unsere wirtschaftliche Lage ist infolge unserer Einschränkungen so, daß wir nur noch wenige Jahre durchhalten können. Göring kann das bestätigen. Uns bleibt nichts anderes übrig, wir müssen handeln. Unsere Gegner riskieren viel und können nur wenig gewinnen. Der Einsatz Englands in einem Kriege ist unfaßbar groß. Unsere Gegner haben Führer, die unter dem Durchschnitt stehen. Keine Persönlichkeiten. Keine Herren, keine Tatmenschen ...

Die Gründung Großdeutschlands war politisch eine große Leistung, militärisch war sie bedenklich, da sie erreicht wurde durch einen Bluff der politischen Leitung. Es ist notwendig, das Militär zu erproben. Wenn irgend möglich, nicht in einer Generalabrechnung, sondern bei der Lösung einzelner Aufgaben.

Das Verhältnis zu Polen ist untragbar geworden. Meine bisherige polnische Politik stand im Gegensatz zu der Auffassung des Volkes. Meine Vorschläge an Polen (Danzig und Korridor) wurden durch Eingreifen Englands gestört. Polen änderte seinen Ton uns gegenüber. Spannungszustand auf die Dauer unerträglich. Gesetz des Handelns darf nicht auf andere übergehen. Jetzt ist der Zeitpunkt günstiger als in 2–3 Jahren. Attentat auf mich oder Mussolini könnte Lage zu unseren Ungunsten ändern. Man kann nicht ewig mit gespanntem Gewehr einander gegenüberliegen. Eine uns vorgeschlagene Kompromißlösung hätte von uns verlangt Gesinnungsänderung und gute Gesten. Man sprach wieder in der Versailler Sprache zu uns. Die Gefahr des Prestigeverlustes bestand. Jetzt ist die Wahrscheinlichkeit noch groß, daß der Westen nicht eingreift. Wir müssen mit rücksichtsloser Entschlossenheit das Wagnis auf uns nehmen. Der Politiker muß ebenso wie der Feldherr ein Wagnis auf sich nehmen. Wir stehen vor der harten Alternative zu schlagen, oder früher oder später mit Sicherheit vernichtet zu werden.

Man hätte mich gesteinigt, wenn ich nicht Recht behalten hätte. Gefährlichster Schritt war der Einmarsch in die neutrale Zone. Noch

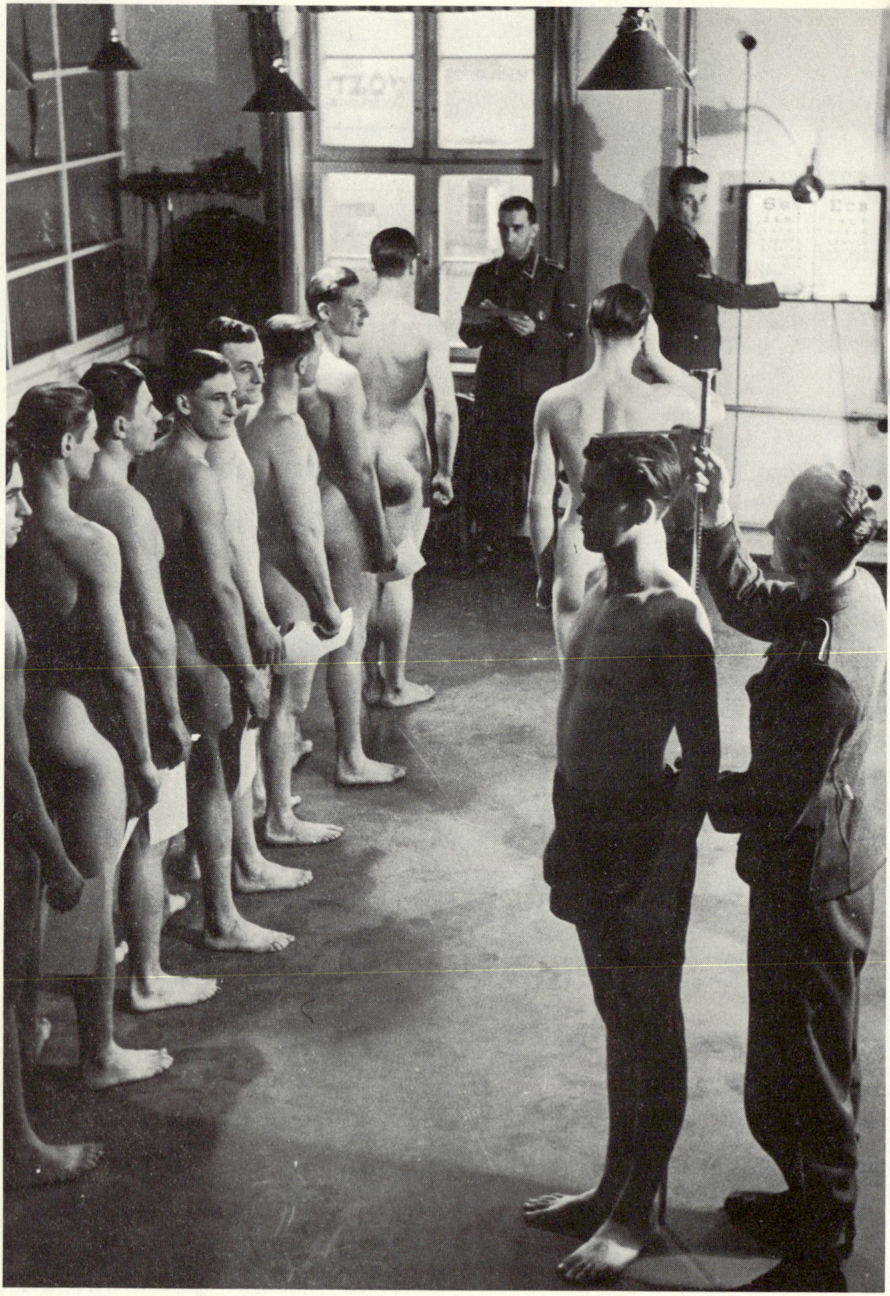

acht Tage vorher bekam ich eine Warnung durch Frankreich. Immer habe ich ein großes Wagnis auf mich genommen in der Überzeugung, daß es gelingen könne.

Die heutige Veröffentlichung des Nichtangriffspakts mit Rußland hat eingeschlagen wie eine Granate. Auswirkungen sind nicht zu übersehen. Auch Stalin hat gesagt, daß dieser Kurs beiden Ländern zugutekommen wird. Die Einwirkung auf Polen wird ungeheuer sein.

*

Es kann auch anders kommen bezügl. England und Frankreich. Es läßt sich nicht mit Bestimmtheit prophezeien. Ich rechne mit Handelssperre, nicht mit Blockade, ferner mit Abbrechen der Beziehungen. Eisernste Entschlossenheit bei uns. Vor nichts zurückweichen. Jeder muß die Ansicht vertreten, daß wir von vornherein auch zum Kampf gegen die Westmächte entschlossen waren. Kampf auf Leben und Tod. Deutschland hat jeden Krieg gewonnen, wenn es einig war. Eiserne, unerschütterliche Haltung vor allem der Vorgesetzten, feste Zuversicht, Siegesglauben, Überwindung vergangener Zeiten durch Gewöhnen an schwerste Belastung. Eine lange Friedenszeit würde uns nicht gut tun. Es ist also notwendig, mit allem zu rechnen. Mannhafte Haltung. Nicht Maschinen ringen miteinander, sondern Menschen. Bei uns qualitativ der bessere Mensch. Seelische Faktoren ausschlaggebend. Auf der Gegenseite schwächere Menschen. 1918 fiel die Nation, weil die seelischen Vorbedingungen ungenügend waren. Friedrich der Große hatte seinen Enderfolg nur durch seine Seelenstärke. Vernichtung Polens im Vordergrund. Ziel ist Beseitigung der lebendigen Kräfte, nicht die Erreichung einer bestimmten Linie. Auch wenn im Westen Krieg ausbricht, bleibt Vernichtung Polens im Vordergrund. Mit Rücksicht auf Jahreszeit schnelle Entscheidung.

Ich werde propagandistischen Anlaß zur Auslösung des Krieges geben, gleichgültig, ob glaubhaft. Der Sieger wird später nicht danach gefragt, ob er die Wahrheit gesagt hat oder nicht. Bei Beginn und Führung des Krieges kommt es nicht auf das Recht an, sondern auf den Sieg.

Herz verschließen gegen Mitleid. Brutales Vorgehen. 80 Mill. Menschen müssen ihr Recht bekommen. Ihre Existenz muß gesichert werden. Der Stärkere hat das Recht. Größte Härte.

Parallel zur Aufrüstung der Wehrmacht vollzog sich die der Waffen-SS. Der 280-Mann-Haufen von 1929 verfügte bei Kriegsbeginn bereits über vier Standarten (= Regimenter) mit fast 20000 Mann. Bild: Musterung eines neuen Jahrgangs

Streng vertrauliche Aussprache

Dokument Nr. 18: Geheimes Zusatzprotokoll zum deutsch-sowjetischen Nichtangriffspakt, 23. 8. 1939

Aus Anlaß der Unterzeichnung des Nichtangriffspaktes zwischen dem Deutschen Reich und der Union der Sozialistischen Sowjetrepubliken haben die unterzeichneten Bevollmächtigten der beiden Teile in streng vertraulicher Aussprache die Frage der Abgrenzung der beiderseitigen Interessensphären in Osteuropa erörtert. Die Aussprache hat zu folgendem Ergebnis geführt:

1. Für den Fall einer territorial-politischen Umgestaltung in den zu den baltischen Staaten (Finnland, Estland, Lettland und Litauen) gehörenden Gebieten bildet die nördliche Grenze Litauens zugleich die Grenze der Interessensphäre Deutschlands und der UdSSR. Hierbei wird das Interesse Litauens am Wilnaer Gebiet beiderseits anerkannt.

2. Für den Fall einer territorial-politischen Umgestaltung der zum polischen Staat gehörenden Gebiete werden die Interessensphären Deutschlands und der UdSSR ungefähr durch die Linie der Flüsse Pissa, Narew, Weichsel und San abgegrenzt. Die Frage, ob die beiderseitigen Interessen die Erhaltung eines unabhängigen polnischen Staates erwünscht erscheinen lassen und wie dieser Staat abzugrenzen wäre, kann endgültig erst im Laufe der weiteren politischen Entwicklung geklärt werden. In jedem Falle werden beide Regierungen diese Frage im Wege einer freundschaftlichen Verständigung lösen.

3. Hinsichtlich des Südostens Europas wird von sowjetischer Seite das Interesse an Bessarabien betont. Von deutscher Seite wird das völlige politische Desinteressement an diesen Gebieten erklärt.

4. Dieses Protokoll wird von beiden Seiten streng geheim behandelt werden.

Der erste Soldat des Reiches

Dokument Nr. 19: Hitler im Reichstag, 1. 9. 1939

Wenn ich diese Wehrmacht aufrief, und wenn ich nun vom deutschen Volk Opfer und, wenn notwendig, alle Opfer fordere, dann habe ich ein Recht dazu. Denn ich bin auch selbst heute genau so bereit, wie ich es früher war, jedes persönliche Opfer zu bringen. Ich verlange von keinem deutschen Mann etwas anderes, als was ich selber über vier Jahre freiwillig bereit war, jederzeit zu tun. Es soll keine Entbehrung in Deutschland geben, die ich nicht selber sofort übernehme. Mein ganzes Leben gehört von jetzt ab erst recht meinem Volk. Ich will nichts anderes jetzt sein als der erste Soldat des Deutschen Reiches.

Ich habe damit wieder jenen Rock angezogen, der mir einst selbst der heiligste und teuerste war. Ich werde ihn nur ausziehen nach dem Sieg, oder ich werde dieses Ende nicht erleben!. . .

Als Nationalsozialist und als deutscher Soldat gehe ich in diesen Kampf mit einem starken Herzen hinein. Mein ganzes Leben war nichts anderes als ein einziger Kampf für mein Volk, für seine Wiederauferstehung, für Deutschland. Über diesem Kampf stand immer nur ein Bekenntnis des Glaubens an dieses Volk. Ein Wort habe ich nie kennengelernt, es heißt: Kapitulation. Wenn irgend jemand aber glaubt, daß wir vielleicht einer schweren Zeit entgegengehen, dann möchte ich ihn bitten, zu bedenken, daß einst ein preußischer König mit einem lächerlichen kleinen Staat einer der größten Koalitionen gegenübertrat und in drei Kämpfen am Ende doch erfolgreich bestand, weil er jenes gläubige starke Herz besaß, das auch wir in dieser Zeit benötigen. Und ich möchte daher jetzt in der ganzen Umwelt gleich versichern: Ein November 1918 wird sich niemals in der deutschen Geschichte wiederholen!

Wir alle bekennen uns damit nur zu unserem alten Grundsatz: Es ist gänzlich unwichtig, ob wir leben, aber notwendig ist es, daß unser Volk lebt, daß Deutschland lebt.

Was nun?

Dokument Nr. 20: Dolmetscher Schmidt über die Wirkung der englischen Kriegserklärung, 3. 9. 1939

In dem Raum vor Hitlers Arbeitszimmer waren die meisten Kabinettsmitglieder und prominenten Parteileute versammelt.

Es herrschte ein ziemlich starkes Gedränge, so daß ich einige Mühe hatte, zu Hitler vorzudringen. »Was gibt es denn Neues?«, fragten mich mehrere etwas ängstlich klingende Stimmen. Ich entgegnete nur achselzuckend: »Die Schule fällt aus«, und betrat das danebenliegende Zimmer, in dem Hitler an seinem Arbeitstisch saß, während Ribbentrop etwas rechts von ihm am Fenster stand. Beide blickten gespannt auf, als sie mich sahen. Ich blieb in einiger Entfernung vor Hitlers Tisch stehen und übersetzte ihm dann langsam das Ultimatum der britischen Regierung. Als ich geendet hatte, herrschte völlige Stille, genau so wie nach dem Paukenschlag in der Nacht von Godesberg.

Wie versteinert saß Hitler da und blickte vor sich hin. Er war nicht fassungslos, wie es später behauptet wurde, er tobte auch nicht, wie es wieder andere wissen wollten. Er saß völlig still und regungslos an seinem Platz. Nach einer Weile, die mir wie eine Ewigkeit vorkam, wandte er sich Ribbentrop zu, der wie erstarrt am Fenster stehen geblieben war. »Was nun?« fragte Hitler seinen Außenminister mit einem wütenden Blick in den Augen, als wolle er zum Ausdruck bringen, daß ihn Ribbentrop über die Reaktion der Engländer falsch informiert habe. Ribbentrop erwiderte mit leiser Stimme: »Ich nehme an, daß die Franzosen uns in der nächsten Stunde ein gleichlautendes Ultimatum überreichen werden.«

Da meine Aufgabe nun erledigt war, zog ich mich zurück und sagte den draußen im Vorzimmer Wartenden, die mich umdrängten: »Die Engländer haben uns soeben das Ultimatum überreicht. In zwei Stunden besteht zwischen England und Deutschland Kriegszustand.« Auch hier im Vorraum herrschte bei dieser Ankündigung Totenstille. Göring drehte sich zu mir um und sagte: »Wenn wir diesen Krieg verlieren, dann möge uns der Himmel gnädig sein!« Goebbels stand in einer Ecke, niedergeschlagen und in sich gekehrt, und sah buchstäblich aus wie der bewußte begossene Pudel. Überall sah ich betretene Gesichter, auch bei den kleineren Parteileuten, die sich im Raum befanden.

Feldzug in Polen

Bevor der Krieg beginnen konnte, mußte erst noch ein Anlaß geschaffen werden. Der Chef des »Sicherheitsdienstes« (SD), Reinhard Heydrich, hatte einen Plan. Dem gleichfalls zum SD gehörenden SS-Sturmbannführer Alfred Helmut Naujocks erklärte er: »... eine bewaffnete Bande polnischer Insurgenten wird am Abend vor Kriegsbeginn den Sender Gleiwitz überfallen. Einer dieser Banditen wird eine polnische Hetzrede gegen Deutschland halten; alle Polen in Oberschlesien zum Aufstand aufrufen. Danzig, Breslau sind und bleiben polnisch! Rabatz machen; schießen! Der Sender Gleiwitz ist an den Breslauer Sender angeschlossen. Was in Gleiwitz übers Mikrophon geht, wird in ganz Deutschland gehört werden.«

Naujocks erhielt den Befehl, mit einigen ausgesuchten, zuverlässigen SD-Männern die »polnischen Insurgenten und Banditen« darzustellen und den Sender Gleiwitz zu überfallen. Er suchte sich geeignete Männer aus, darunter einen Rundfunktechniker und einen perfekt polnisch sprechenden Dolmetscher. Dann aber wurde Naujocks – wegen des am 25. August zurückgenommenen Befehls zum Kriegsbeginn – zurückgepfiffen. Allerdings, auch andere vom SD gestellte »polnische Freischärler-Trupps« hatten schon angefangen: Sie griffen das deutsche Zollhaus Hochlinden an, feuerten einige Schüsse ab und konnten dann erfahren, daß ihr »Grenzzwischenfall« vorerst nicht erwünscht sei.

Am 31. August 1939 war es dann endgültig so weit. Naujocks erhielt einen Telefonanruf: »Großmutter gestorben«. Auf dieses Stichwort hin fuhr Naujocks mit seinen »Insurgenten« in zwei Ford-Kabriolets in die Nähe des einsam gelegenen Senders Gleiwitz. Drei Mann blieben als Wache zurück, fünf betraten gegen 20 Uhr den Maschinenraum und von dort den Senderaum. Sie hielten Pistolen in der Hand und nahmen die dort anwesenden vier Personen fest und fesselten sie. Um 20.12 Uhr verlas der Dolmetscher am Mikrophon eine Hetzrede in polnischer

Sprache, vermischt mit deutschen Brocken: »Achtung! Achtung! Hier ist das polnische Freiheitskomitee. Der Rundfunksender Gleiwitz ist in unserer Hand ... Die Stunde der Freiheit ist gekommen ... und ebenso werden die Städte Danzig und Breslau wieder polnisch werden!«

Nach insgesamt 20 Minuten verschwanden die Eindringlinge wieder. Draußen, neben dem Eingang, ließen sie einen Toten liegen – einen »Beweis« für den Überfall. Der Tote war ein Gestapo-Häftling, in polnische Kleidung gesteckt.

Die Nachricht vom Überfall auf den Sender Gleiwitz flog sofort um den Erdball und gab Hitler den Anlaß zum Krieg gegen Polen. Freilich, die aufhetzerische Rede der falschen Freischärler hatten nur wenige Leute gehört; nur jene, die im unmittelbaren Senderbereich wohnten. Der Reichssender Gleiwitz übertrug kein eigenes Programm. Weder Heydrich noch Naujocks hatten das vorher gewußt.

Der Angriff rollt

Punkt 4.45 Uhr sollte am 1. September der Krieg beginnen. Das war ein klarer Befehl, der für alle Soldaten der Wehrmacht galt – nur für den Oberleutnant Bruno Dilley, zwei weitere Flugzeugführer und drei Bordfunker nicht. Dilley, Führer der 3. Staffel im Sturzkampfgeschwader 1, hatte den Auftrag mit drei Stukas vom Typ Ju 87 B in einem Präzisionsangriff die Zündstellen der Weichselbrücke bei Dirschau auszuschalten und so die Brückensprengung zu verhindern.

Er galt als Meister des punktgenauen Bombenzielwurfes und hatte sich seine beiden besten Flugzeugführer ausgesucht. Nur: An diesem Frühmorgen des 1. September herrschte dichter Nebel. Dennoch startete Dilley mit seiner Kette (insgesamt drei Flugzeuge) um 4.26 Uhr in Elbing. In riskantem Tiefstflug jagten die Stukas durch die Nebelschwaden. Um 4.30 Uhr sahen sie den dunklen Weichselstrom und folgten ihm. Um 4.34 Uhr rasten sie in zehn Meter Höhe auf den Bahndamm links neben der Brücke zu, wo – wie die Flieger wußten – polnische Pioniere neben den Zündapparaten standen. Kurz vor dem Damm lösten

Münchener Ausgabe

Münchener Ausgabe

VÖLKISCHER BEOBACHTER

Kampfblatt der national-sozialistischen Bewegung Großdeutschlands

Der Führer verkündet den Kampf für des Reiches Recht und Sicherheit

Große militärische Erfolge

Deutsche Luftwaffe hat die Luftherrschaft über den polnischen Raum erkämpft

Die Wehrmacht hat den aktiven Schutz des Reiches übernommen

In überströmender Begeisterung bekannte sich der Reichstag zu den Entschlüssen Adolf Hitlers

Der Vormarsch rollt

Das Tagesziel ist überall erreicht

Die heutige Ausgabe des „VB" erscheint als **Doppelnummer** für Samstag, den 2. September und Sonntag, den 3. September.

Als »Kampf für des Reiches Recht und Sicherheit« verklärte der »Völkische Beobachter« vom 2. September 1939 den Überfall auf Polen

die Piloten ihre Bomben aus und zogen über den Damm hinweg. Hinter ihnen spritzten Feuer und Erde in die Luft – die Bomben lagen genau im Ziel. Elf Minuten vor dem offiziellen Beginn hatte Dilley den Krieg eröffnet. Der Planung nach war das notwendig, weil unmittelbar darauf die 1. Kompanie des Pionierbataillons 41 die Dirschauer Brücke im Handstreich nehmen und gegen etwaige polnische Gegenangriffe sichern sollte. Die Pioniere waren im planmäßigen Güterzug 3.08 Uhr im ostpreußischen Elbing abgefahren. Der Güterzug sollte mitten auf der Brücke halten – und zwar unmittelbar nach dem Stuka-Angriff – um den Pionieren das Herausspringen und Überwältigen der polnischen Posten zu ermöglichen.

Doch eine Kleinigkeit brachte den Plan ins Wanken: Wegen eines ordinären Lokwechsels erlitt der Güterzug eine geringfügige Verspätung. Als er erst um 4.42 Uhr – also acht Minuten nach dem Bombenwurf der Stukas – den Bahnhof Ließau passierte, war die dahinter liegende Brückeneinfahrt durch ein Stahlgittertor versperrt worden. Der Zug stoppte, und schon klackerten polnische Maschinengewehrgarben in die Lokomotive. Mitten im Feuer sprangen die Pioniere ab. Verwundete schrien nach Sanitätern, der Kompaniechef fiel aus – schwerverwundet. Es war 4.45 Uhr – der Krieg hatte endgültig und unwiderruflich angefangen. Der dem Güterzug nachfolgende Eisenbahn-Panzerzug hatte kein Schußfeld. Mitten im Feuer begann ein mühseliges Umrangieren: Beide Züge zurück, dann Panzerzug vor. Die Pioniere arbeiteten sich indessen an die Brücke heran. Die ersten befanden sich unter ihr, als um 6.10 Uhr eine Rauchwolke in den Himmel schoß und der langanhallende Donnerschlag einer Detonation über das Land rollte. Die Polen hatten die von den Stukas zerstörten Zündleitungen wieder in Ordnung gebracht. Um 6.40 Uhr donnerte es noch einmal am jenseitigen Ufer: Der im Fluß stehende Pfeiler der Brückenauffahrt stürzte in sich zusammen.

Erst in der Nacht gelang es den Pionieren überzusetzen und den Weichselübergang in Besitz zu nehmen. Das Eisenbahnpionierregiment 68 baute in elf Tagen eine 1160 Meter lange Kriegsbrücke S-förmig um die Brückentrümmer herum.

Es krachte allenthalben an der deutsch-polnischen Grenze und an der Küste: Eine der Operationen der ersten Minute war das Beschießen der Westerplatte im Hafengebiet von Danzig durch die Artillerie des Schulschiffes »Schleswig-Holstein«. Danach landete eine Marinesturmkompanie mit Kuttern und Verkehrsbooten. Der Angriff scheiterte unter schweren Verlusten. Sechs Tage später nahm eine Kompanie des Pionierlehrbataillons die Westerplatte von Land her.

Punkt 4.45 Uhr war es auch, als General Heinz Guderian an der Spitze seines XIX. Armeekorps die polnische Grenze überquerte. Sein Auftrag: Von Ostpommern den Durchbruch durch den polnischen Korridor bis zur Weichsel erzwingen. Guderian, der Schöpfer der deutschen Panzerwaffe, hatte ein Halbkettenfahrzeug als Befehlspanzer umrüsten lassen. Damit rasselte er vor zur 3. Panzerbrigade. Beinahe wäre Guderian dabei als einer der ersten Soldaten der Wehrmacht gefallen – durch Beschuß der eigenen Artillerie. 50 Meter vor seinem Befehlsfahrzeug schlug eine deutsche Granate ein, die nächste 50 Meter hinter ihm. Der dritte Schuß konnte ein Volltreffer sein. Der General befahl: »Nach rechts weg!« Der Fahrer, nervös geworden durch das Gejaule der Granaten, fuhr das Fahrzeug mit Vollgas in einen Graben und beschädigte die Vorderachse. Guderian brüllte wütend auf und besorgte sich ein anderes Fahrzeug.

Bei Groß-Klonia riß plötzlich der bis dahin dichte Nebel auf: Die entwickelt vorfahrenden Panzer rollten auf eine polnische Abwehrfront zu. Polnische Pak eröffnete das Feuer und erzielte mehrere Volltreffer. Ein Offizier, ein Fahnenjunker und acht Mann starben in ihren Panzern – die ersten Gefallenen der jungen deutschen Panzerwaffe. Sie hatten den Feind nur sekundenlang gesehen.

Am Fluß Brahe kam der Vormarsch am frühen Nachmittag des ersten Kriegstages ins Stocken. Der Gegner saß am jenseitigen Ufer in gut ausgebauten Stellungen und schoß, so viel aus den Läufen herausging. Der Kommandeur des Panzerregiments 6 glaubte nicht, an diesem Tag noch den Fluß überschreiten zu können und befolgte den Divisionsbefehl, zur Ruhe überzugehen. Guderian machte ihn wieder munter. Ein Leutnant meldete, daß er mit seiner Panzerbesatzung eine weiter abgelegene brennende Brücke gelöscht habe. Das Ufer dort sei nur schwach feindbesetzt. Sofort fuhr Guderian zur noch schwelenden Holzbrücke, wo ihn einige Stabsoffiziere warnten: »Herr General, hier schießt es aber!«

Der Krieg war noch jung, die Fronterfahrung fehlte und Nervosität verbreitete sich so schnell wie ein Grippevirus.

General Guderian ließ das Kraftradschützenbataillon 3 außerhalb des Feindfeuerbereiches in Schlauchbooten über die Brahe

setzen und die das Ufer verteidigende Radfahrkompanie der Polen angreifen und gefangennehmen. Gegen 18 Uhr stellte die Brahe kein ernstzunehmendes Hindernis mehr dar. Guderian fuhr zu seinem Korpsgefechtsstand nach Zahn. Die Straßen waren menschenleer, nirgends war ein Schuß zu hören. Doch am Ortsausgang brachte die Sicherungskompanie des Gefechtsstandes voller Aufregung ein Panzerabwehrgeschütz in Stellung. Jeden Augenblick werde polnische Kavallerie angreifen, riefen die Soldaten. Gerüchte wie dieses schwirrten ständig um.

Die Nervosität saß fest bei den Landsern. Nach Mitternacht meldete die 2. motorisierte Division hastig, daß sie dabei sei, vor polnischer Kavallerie auszuweichen. Guderian seufzte und fuhr hin. Früh um 5 Uhr fand er einen ratlosen Divisionsstab vor. Wenig später führte er selbst ein Regiment zum Angriff, die ganze 2. Division geriet allmählich in Schwung.

Am vierten Kriegstag schien die Moralkrise überwunden und die Gespensterseherei vorbei zu sein. Die Mannschaftsverluste blieben gering, die Offizierverluste waren dagegen hoch.

Allerdings ließ am neunten Tag Kriegsunerfahrenheit den Handstreich auf Lomsha mißlingen. Deshalb lag das gesamte Guderiansche Armeekorps am Nordufer des Narew fest. Doch da kam die Meldung, der Flußübergang sei gelungen und die am jenseitigen Ufer liegende polnische Bunkerlinie in deutscher Hand. Die Meldung, aufgeregt und eifrig weitergegeben, stimmte nur teilweise: Zwar hatte die Infanterie den Narew überschritten, die Bunkerlinie jedoch nicht erreicht. Guderian blieb auch diesesmal nicht auf seinem Gefechtsstand, sondern fuhr an die Krisenstelle. Was er sah, verblüffte ihn: Geschlossen marschierten deutsche Kolonnen an: die Infanterie löste solchermaßen die Kompanien der vorderen Linie ab. Den Offizieren war die Feindlage gänzlich unbekannt. Ein Artilleriebeobachter stand ohne Auftrag herum. Guderian notierte in seinen »Erinnerungen eines Soldaten«: »Ich

Unter dem Eindruck des verheerenden deutschen Blitzkriegs kam es am 3. September 1939 in der polnischen Stadt Bromberg zum Massaker an Angehörigen der deutschen Minderheit, dem »Bromberger Blutsonntag«. Die Opfer, knapp hundert, wurden nach der Niederlage Polens der ausländischen Presse vorgeführt und mußten in der Folgezeit immer wieder herhalten, wenn es galt, den hunderttausendfachen geplanten Mord an Polen zu begründen kann nicht leugnen, daß ich sehr ungehalten über das Gesehene war« – eine zurückhaltende Beschreibung seines im ganzen Armeekorps berühmten Zorngebrülls.

Der Angriff über den Fluß hinweg gelang jetzt jedenfalls, der Brückenbau verzögerte sich hingegen. Auf zeitraubende Weise wurden die Panzer mit Fähren übergesetzt. Um Mitternacht war die Kriegsbrücke endlich fertiggestellt. Guderian verzweifelte jedoch vollends, als ihm gemeldet wurde, daß die Brücke auf Befehl eines Divisionskommandeurs wieder abgebrochen und an anderer Stelle für seine Division aufgebaut würde.

Äußerst blutig war das letzte Versagen: Das Infanterieregiment der 10. Panzerdivision sollte beim Sturm auf die Zitadelle von Brest-Litowsk unmittelbar nach dem Feuerschlag der Artillerie angreifen. Aus ungeklärter Ursache aber stürmten die Infanteristen erst viel später, ohne die Feuerwirkung ausnützen zu können. Sie erlitten schwere Verluste und crreichten ihr Ziel nicht. Bei ihrem Zurückgehen feuerten zu allem Unglück auch noch weiter rückwärts liegende deutsche Truppen auf sie.

Alle diese, zum Teil verlustreichen Pannen waren kein Wunder: Zunächst fehlte den Soldaten und den jungen Offizieren jegliche Kriegserfahrung, wenn man von den meist bei der Luftwaffe eingesetzten Kämpfer der »Legion Condor« des spanischen Bürgerkrieges absieht.

Es zeigte sich ganz allgemein, daß kein noch so kriegsnahes Manöver den wirklichen Krieg mit seinen Zufällen, Verwechslungen, Schwierigkeiten, Irrtümern, Ängsten und seelischen Belastungen simulieren kann.

Erschwerend kam noch hinzu, daß alle drei Wehrmachtteile noch nicht fertig aufgebaut, ausgerüstet und ausgebildet waren.

Gemessen daran, waren die Leistungen der Wehrmacht beachtlich, gleichermaßen aber auch die der unglücklichen polnischen Soldaten, die in einer von vornherein aussichtslosen Lage kämpften. Auch sie besaßen keine Kriegserfahrung und sie waren weit schlechter und unzweckmäßiger bewaffnet als ihre Gegner. Eines war der Polenfeldzug gewiß nicht: Ein nahezu harmloser Blitzfeldzug der Wehrmacht mit geringen Verlusten, wie ihn die Propaganda des Dritten Reiches darstellte.

Allerdings wurde auch das übersteigerte Selbstgefühl vieler

Polen vor Beginn des Krieges dem wirklichen Kräfteverhältnis und der geostrategischen Lage Polens nicht gerecht. Tatsächlich glaubten manche Soldaten der polnischen Armee, sehr bald die deutsche Wehrmacht vernichtend schlagen und nach kurzem Kampf siegreich in Berlin einmarschieren zu können. Hartnäckig hielt sich bei den Polen die Fama, die deutschen Panzer seien aus Pappe – sie waren es tatsächlich bei der Reichswehr gewesen, als den Deutschen keine Panzer zugestanden waren und sie mit Attrappen hatten üben müssen. Nun aber waren die Panzer echt.

Der Direktor der polnischen Kriegsakademie, General Kutrezeba, hatte 1938 einen Verteidigungsplan entworfen. Danach sollte nur das Schlüsselgebiet Polens, der Raum zwischen dem oberschlesischen Industrierevier, der Weichsel und Warthe unbedingt gehalten werden, mit der Möglichkeit von Posen aus im geeigneten Zeitpunkt auf Berlin zu marschieren. Dieser Plan war durchaus realistisch – die Entfernung Posen – Berlin beträgt 240 Kilometer in der Luftlinie.

Im Jahre 1939 erweiterte der höchste militärische und politische Führer Polens, der Marschall Rydz-Smigly, diese Planung – und machte sie damit unwirksam: Auch der »polnische Korridor« – ein ob seiner absurden Lage nicht zu verteidigender Landzipfel, eingeklemmt zwischen Ostpreußen und dem übrigen Reichsgebiet, sollte gleichzeitig gehalten werden.

Im August 1939 waren acht polnische Armeen oder Operationsgruppen – die größte Armee im Raume Posen – im Aufmarsch begriffen, im Hinterland befanden sich drei Reserve-Armeen im Zustand der Mobilmachung. Nur schwach gesichert war die Grenze zur Sowjetunion. Zwar gab es den deutsch-russischen Vertrag vom 23. August 1939 – doch von der Existenz eines geheimen militärischen Zusatzabkommens war nicht einmal den Spitzengeneralen der Wehrmacht, geschweige denn der polnischen Regierung auch nur das geringste bekannt.

Die Polen vertrauten darauf, daß seit dem Jahre 1932 ein pol-

Zum Bild auf den beiden folgenden Seiten: Deutsche Luftüberlegenheit ließ den Polen keine Chance zur Entfaltung. Kolonnen wurden oft schon auf dem Marsch zersprengt, bevor sie den Feind erreichten. Zertrümmertes Kriegsgerät bedeckte nach solchen Luftangriffen die Straßen

nisch-russischer Nichtangriffsvertrag bestand und Gültigkeit hatte.

Die polnische Armee war von der Zahl ihrer Großverbände her den deutschen Angreifern nicht einmal sehr stark unterlegen: Den 57 gegen Polen angesetzten deutschen Divisionen standen 39 polnische aktive Infanteriedivisionen, 11 Kavalleriebrigaden, zwei motorisierte Brigaden und Truppen des Grenzkorps (umgerechnet etwa 44 Divisionen) gegenüber. Hinzuzurechnen waren noch die drei Reservekorps mit etwa neun weiteren Divisionen, die indes kaum noch zum Einsatz kamen.

Ungleiche Gegner

Das Bild verschob sich zuungunsten der Polen jedoch erheblich, wenn Ausrüstung und Bewaffnung verglichen wurden: 3200 deutschen Panzern standen nur 600, auch qualitativ unterlegene Panzerfahrzeuge entgegen. Den deutschen Luftflotten 1 und 4 mit zusammen 1929 einsatzbereiten Flugzeugen, zum Teil modernster Art, konnten die Polen lediglich 842 Maschinen entgegenstellen.

Hinzu kam eine geographische Lage Polens, die deutsche Kesselschlachten geradezu herausfordern mußte: Angriffsmöglichkeiten bestanden sowohl von Ostpreußen aus auf Polen in drei Himmelsrichtungen, aus Schlesien und Pommern nach Westen, Südosten und Nordwesten sowie aus der mit Deutschland liierten Slowakei von Süd nach Nord.

Es war nur logisch, daß der deutsche Feldzugsplan dementsprechend eine gewaltige Zangenbildung vorsah. Adolf Hitler hatte die Angriffsplanung dem Generalstab des Heeres und dem der Luftwaffe überlassen und lediglich die Idee des Angriffes von Ostpreußen aus in den Rücken der polnischen Armee beigesteuert. Die Generale hatten freie Hand – in späteren Feldzügen sollte das anders werden.

Zwei deutsche Heeresgruppen waren aufmarschiert: Die Heeresgruppe Nord – 630 000 Mann unter Generaloberst von Bock – mit der 4. Armee in Ostpommern und der 3. Armee in Ostpreußen. Die Heeresgruppe Nord sollte von Westen und Osten her die polnischen Streitkräfte im »Korridor« – dem bis 1918 zu Deutschland gehörenden Westpreußen – zerschlagen, die Verbindung zwischen dem Rumpfgebiet des Deutschen Reiches und Ostpreußen herstellen und sodann von Ostpreußen aus über die Flüsse Narew und Bug hinweg tief nach Polen hineinstoßen.

Die Heeresgruppe Süd dagegen – 886 000 Mann unter Generaloberst von Rundstedt – verfügte über drei Armeen. Die 14. Armee hatte von der Slowakei aus die polnischen Grenzbefestigungen in Ostoberschlesien zu nehmen und in Galizien bis zum San durchzubrechen. Die 10. Armee – mit 300 000 Mann und der Masse der Panzerdivisionen die stärkste, Oberbefehlshaber ist der General der Artillerie von Reichenau – erhielt den Auftrag, zusammen mit der 8. Armee – von Schlesien aus bis zur Weichsel vorzugehen, die polnische Armee am Ausweichen nach Osten zu verhindern und im Weichselbogen zur Vernichtungsschlacht zu stellen.

Von zahlreichen, aus mangelnder Erfahrung resultierenden Pannen abgesehen, verliefen die Operationen planmäßig. Gleich in den ersten Kampftagen erlitten die polnischen Truppen entsetzliche Verluste. So attackierte die polnische Kavalleriebrigade »Pomorska« todesmutig, aber sinnlos, Panzerverbände der 3. Panzerdivision mit geschwungenem Säbel. Im Feuer der Maschinengewehre stürzten Pferde und Reiter in den Tod.

Im »Korridor« zersprengten deutsche Angriffskeile nahezu vollständig die polnische Armee »Pomerellen« – nur schwache Teile vermochten sich nach Süden zu retten.

Starke polnische Bunkerlinien stoppten anfangs die aus Südostpreußen heraus angreifende Panzerdivision Kempf im Raume Mlawa. Diese Division war aus Verbänden des Heeres und der SS-Verfügungstruppe (später als Waffen-SS bezeichnet) gemischt. Durch Umgehungsmanöver aus dem »Korridor« heraus konnten die Bunker schließlich aufgebrochen werden.

Die Freistadt Danzig wurde besetzt, der polnische Kriegshafen Gdingen blockiert, später eingenommen und in »Gotenhafen« umbenannt. Die 14. Armee rückte in Ostoberschlesien ein und marschierte dann durch Krakau, die alte Krönungsstadt der polnischen Könige. Die 10. Armee des Generals von Reichenau hetzt durch Polen ohne Rast – bereits am 8. September rollen Panzer-

spähwagen, knattern die Beiwagen-Motorräder des Kradschützenbataillons der 4. Panzerdivision durch die Vorstädte der polnischen Hauptstadt Warschau. Zwei Tage bereits waren der Marschall Ridz-Smigly und seine Regierung nach Südostpolen in die Stadt Lublin ausgewichen.

Die erste Kesselschlacht des Zweiten Weltkrieges wurde am 9. September bei Radom geschlagen: Die 10. Armee schloß sieben polnische Divisionen ein und meldete alsbald 60 000 Kriegsgefangene und 130 erbautete Geschütze.

Erst am 5. September – zeitlich mit den bisher erreichten Fortschritten im Einklang – marschierte die deutsche 1. Gebirgsdivision vom slowakischen Presow – ostwärts der Hohen Tatra – aus in Südpolen ein. Zunächst stießen die Gebirgsjäger kaum auf Widerstand. Doch am Duklapaß und beim nächtlichen Häuserkampf in Rowno fielen die ersten Jäger im Feindfeuer. Aber der Feind wich weiterhin aus. Aus den motorisierten Einheiten der Divisionen wurden zwei Verfolgungsgruppen gebildet; sie stürmten die Höhen von Rymanow und gingen weiter in Richtung Lemberg vor. Während die nunmehr vereinigten Verfolgungsgruppen am 12. in Lemberg einzudringen versuchten, geriet die Masse der zu Fuß marschierenden Gebirgsjäger bei Rudki in ein heftiges Gefecht mit versprengten polnischen Truppen, schlugen sie und eilten weiter: nach Lemberg. Denn dort wehrten sich die Polen erbittert. Drei polnische Divisionen waren unvermittelt im Rücken der Verfolgungsgruppen erschienen und rannten verzweifelt dagegen an. Dennoch: Am 21. September ergab sich Lemberg der 1. Gebirgsdivision.

Auf einmal rollten russische Panzerverbände an – Stalin nahm sich seinen Teil von Polen. Die russische Argumentation: Da es keinen polnischen Staat mehr gibt, existiert auch der polnisch-russische Nichtangriffsvertrag nicht mehr.

Von den 17 000 Gebirgsjägern aber waren 484 Mann gefallen

Die deutsche Luftwaffe errang bereits am ersten Tag des Polenfeldzugs entscheidende Vorteile. Oben: Im Beobachtungsstand eines deutschen Kampfflugzeugs.
Unten: Infanteristen besichtigen die Trümmer einer abgeschossenen polnischen Maschine

und 918 verwundet, die meisten bei Lemberg. Die Wehrmachtführung wußte damals nicht, daß die Rote Armee eingreifen und Lemberg in ihre Interessensphäre fallen würde. Adolf Hitler wußte es und ließ deutsche Soldaten für die Interessen Stalins bluten.

In Mittelpolen aber war es zwischen dem 9. und 11. September zu einer Krise gekommen: Die starke polnische Armee »Posen« – fünf Infanteriedivisionen und zwei Kavalleriebrigaden – hatte zwischen den deutschen Angriffskeilen gestanden. Ihr Oberbefehlshaber, General Kutrzeba, hatte vom polnischen Oberkommando verlangt, in die Flanke der schwachen 8. deutschen Armee stoßen zu dürfen. Sein Antrag wurde abgelehnt. Bald aber war die Armee »Posen« nahezu vollständig eingekreist. General Kutrzeba versuchte mit aller Macht den Ausbruch aus dem Kessel. Für die deutsche 8. Armee wurde die Lage äußerst bedrohlich. Beinahe wäre es den Polen gelungen bei Lodz auszubrechen. Vor allem die Lübecker 30. Infanteriedivision unter Generalleutnant von Briesen vereitelt den Durchbruch. Von Briesen – seine Soldaten nennen ihn »Papa Briesen« – hatte im Ersten Weltkrieg den linken Arm verloren. Jetzt wurde er am rechten Arm verwundet und blieb dennoch bei seinen Soldaten in der vordersten Linie.

Es kam zur Schlacht bei Kutno und an der Bzura. Zwischen dem 18. und dem 20. September gingen 170 000 polnische Soldaten in deutsche Gefangenschaft. Im Süden hatte die 14. Armee nicht nur Lemberg, sondern auch das wichtige Erdölgebiet von Drohobyzc erreicht. Im Norden war die große Festung Brest-Litowsk gefallen.

Adolf Hitler, Führer und Oberster Befehlshaber der Wehrmacht, war in seinem – durch zwei Flakwaggons gesichertem – Sonderzug am 4. September an den Kriegsschauplatz herangefahren. Mehrfach begab er sich – per Wagen oder Flugzeug – in Frontnähe. Dabei sah er zum erstenmal den Osten, den zu erobern er beschlossen hatte. Die windschiefen Holzkaten der polnischen Bauern, die zerfurchten, staubigen Straßen, die Juden im Kaftan, die Bauern am Wegrand.

Diese Tage im polnischen Feldzug aber täuschten ihn auch über die wahre Kraft seiner Feinde im Westen. Allmorgendlich war seine erste Frage bei der Lagebesprechung, ob denn die Westmächte ihren Angriff begonnen hätten. Doch im Westen blieb alles ruhig. Nur knapp dreißig deutsche Divisionen standen dort allein 110 französischen Divisionen gegenüber – auf einer 500 Kilometer langen Front. Von den deutschen Divisionen waren zudem nur zwölf voll einsatzbereit. Nach der polnisch-französischen Militärkonvention vom 19. Mai 1939 war Frankreich verpflichtet, spätestens 15 Tage nach dem Beginn eines deutschen Angriffes auf Polen im Westen offensiv zu werden. Es war unbegreiflich: Nichts geschah. Französische Soldaten wünschten sich im »Wunschkonzert« des deutschen Rundfunks das Lied »Erika«, sie badeten vor den deutschen Gewehrmündungen im Rhein und tauschten heimlich mit deutschen Landsern Lebensmittel und Getränke.

Der Polenfeldzug näherte sich dem Ende – die Westmächte nützten ihre Chance nicht. Hätten sie damals angegriffen, dann – so sagte Hitler zu seinen Mitarbeitern – »wäre der Krieg vorüber«.

Statt dessen geschah etwas für die Wehrmachtführung Unerwartetes: Am 17. September, nachts zwei Uhr, rief General Köstring, deutscher Militärattaché in Moskau, im Lager Zossen, dem Hauptquartier des Generalstabes des Heeres an und meldete: »Die Russen treten an.« Oberst Kinzel in Zossen fragte entgeistert: »Gegen wen?« Niemand ahnte etwas vom geheimen Zusatzabkommen des deutsch-russischen Freundschafts- und Nichtangriffspaktes vom 23. August 1939. »Zum Schutz der Weißrussen und Ukrainer« im nicht mehr bestehenden polnischen Staat rückte die Rote Armee von Osten her in Polen ein – bis zu einer vorher festgelegten Demarkationslinie. Sie ist heute noch die Grenze der Sowjetunion gegenüber Polen.

Am Ende des »Feldzugs der 18 Tage« – wie die deutsche Propaganda alsbald den Krieg gegen Polen nannte – stand noch der

Zum Bild auf den beiden folgenden Seiten: Den deutschen Panzertruppen hatten die Polen nichts Gleichwertiges entgegenzusetzen. Bezeichnend für das Mißverhältnis die Episode auf der Tucheler Heide, wo die polnische Kavalleriebrigade »Pomorska« die Stahlkolosse mit Lanze und Säbel angriff und elend unterging

Kampf gegen die Festungen Warschau und Modlin, die keineswegs nach diesen 18 Tagen gefallen waren. Die Wehrmachtführung wollte eine unblutige Belagerung von Warschau. Sie hätte viel Zeit in Anspruch genommen. Hitler wollte einen schnellen Erfolg – schon wegen der schwachbesetzten Westfront.

Am 16. September hatte ein deutscher Parlamentär Warschau vergeblich zur Übergabe aufgefordert. Am 18. befahl Hitler den Angriff. Der Rundfunksender Warschau hatte bereits am 8. September die Zivilbevölkerung Warschaus zur Teilnahme am aktiven Kampf aufgefordert und sie damit außerhalb des Kriegsvölkerrechts gestellt. Tatsächlich hatten Zivilisten und Soldaten gemeinsam die Stadt zur Verteidigung hergerichtet. Die polnische Regierung und das militärische Oberkommando waren allerdings bereits ins neutrale Rumänien geflüchtet.

Am 22. September beobachtete Hitler von einem Kirchturm des Ortes Glinki aus das deutsche Artilleriefeuer auf die Warschauer Vorstadt Praga. Seit Tagen schon stand außerdem die Luftwaffe gegen Warschau im Kampf. Sie hatte den ganzen Feldzug gegenüber eng mit dem Heer zusammengearbeitet und erheblichen Anteil am Gelingen der Operationen.

Freilich stimmte vieles nicht, was die deutsche Propaganda seinerzeit behauptet hatte. Schon am ersten Kriegstag hatte der deutsche Rundfunk gemeldet, daß in einem »gigantischen Schlag« die Luftwaffe die Luftherrschaft über Polen errungen habe.

Das stimmte schon deshalb nicht, weil am 1. September die polnische Landschaft durch eine dichte Nebeldecke verhüllt war, die den Start der Horinzontal- und Sturzbomber um mehrere Stunden verzögerte. Doch über Krakau riß die Nebeldecke zuerst auf: Schnell wurden einige vergeblich ihre Ziele suchenden Bomberstaffeln dorthin geschickt. 60 Kampfflugzeuge Heinkel He 111 warfen daraufhin 96 Tonnen Bomben über dem Krakauer Flugplatz ab. Ihnen folgten die Bomben einer Stukagruppe, die vor allem Hallen und Startbahnen zerstörten. Anschließend dröhnten zwei Gruppen Dornier Do 17-Kampfflugzeuge heran, die »fliegenden Bleistifte«, aus ihnen fielen im Reihenwurf 50-kg-Bomben auf die Betonrollbahn.

Gegen Mittag war der Nebel überall gewichen: Weitere Flugplätze wurden angegriffen – die polnischen Jagdflieger aber wichen dem Kampf aus.

Bei Wielun griff die Stukagruppe des Majors Dinort eine polnische Kavalleriebrigade an, vernichtete Reiter, Pferde und Fahrzeuge und sofort danach einen polnischen Gefechtsstand.

Obwohl der Wehrmachtsbericht meldete, daß »mehrere Schlachtgeschwader wirkungsvoll das Vorwärtskommen des Heeres« unterstützt hätten, waren es nur 36 Anderthalbdecker Henschel Hs 123, die allerdings wie die Teufel flogen, im Tiefstflug über Hecken sprangen und polnische Stellungen mit Maschinengewehren niederhielten. Sie flogen später – um zwei weitere Gruppen verstärkt – den ganzen Polenfeldzug über bis zu zehn Einsätze täglich.

Am späten Vormittag des ersten Kriegstages waren auch die ersten deutschen Flugzeuge über Warschau erschienen – eine Gruppe Heinkel He 111. Trotz schlechter Bodensicht trafen einige ihrer Bomben die Fabrikationshallen des PZL-Flugzeugwerkes, in dem Jäger und Bomber produziert wurden. Am späten Nachmittag flog auch – von niedersächsischen Fliegerhorsten kommend – das Kampfgeschwader 27 nach Warschau und bombardierte die drei Flugplätze Goslaw, Mokotow und Okecie. Stukas warfen Bomben auf die Sender Babice und Lacy und brachten so den polnischen Befehlsfunk zum Schweigen.

Über Warschau fand auch der erste Luftkampf des Zweiten Weltkrieges statt: Der polnische Gruppenkapitän Pawlikowski griff mit 30 Jagdflugzeugen des Typs PZL IIC die Begleitzerstörer der deutschen Kampfverbände an. Hauptmann Schleif, der Führer der Messerschmitt Me 110-Zerstörer, schoß die erste PZL ab. Insgesamt stürzten fünf polnische Jäger vom Himmel – technisch waren die polnischen Maschinen den deutschen unterlegen.

Am Ende des ersten Kriegstages waren 30 polnische Flugzeuge am Boden zerstört, neun in der Luft abgeschossen und vierzehn deutsche Flugzeuge vernichtet worden – die deutschen Verluste gingen zumeist auf das Konto der hervorragend schießenden polnischen Flugabwehrkanonen.

Am 8. September war die sich tapfer wehrende, aber technisch und zahlenmäßig den Deutschen weit unterlegene polnische

Luftwaffe kaum noch einsatzfähig. Sie litt unter ernsten Nachschubschwierigkeiten und besaß kaum noch Ersatzteile. Nur einzelne Bomber konnten noch bis zum 16. September Angriffe fliegen. Am 17. erhielten die Reste der fliegenden Einheiten den Befehl, sich nach Rumänien abzusetzen.

Die Stars des Luftkrieges über Polen aber waren die deutschen Stukaflieger. Ihre Sturzbomber heulten in Sturzwinkeln bis zu 80 Grad aus meist 4000 Meter Höhe herab. Eine am Fahrwerk jeder Maschine angebrachte Sirene, die »Jericho-Trompete«, verstärkte noch das ohnedies unheimliche Heulgeräusch, das den polnischen Soldaten am Boden wie ein vorweggenommener Todesschrei vorkam. Die Stuka-Piloten zielten mit der ganzen Maschine. In der Kabine hinter ihnen sicherte der Bordfunker mit dem Maschinengewehr nach rückwärts gegen etwa nachstürzende Feindjäger. Nach dem Auslösen der Bomben fing der Flugzeugführer die Junkers Ju 87 ab. Sturzflugbremsen – aus den Tragflächen ausgefahrene Klappen – hatten dafür gesorgt, daß die Geschwindigkeit nicht über 600 km/h hinausging. Dennoch traten während des Abfangens erhebliche Fliehkräfte auf: dem Piloten und dem Funker flimmerten dann Grauschleier vor den Augen. Bei allzu starkem Abfangen kam es zu vorübergehenden Bewußtseinstrübungen oder sogar zu sekundenlangen Ohnmachten. Deshalb besaß jeder Stuka eine Abfangautomatik.

Stukas bombardierten polnische Küstenbatterien, Kriegsschiffe und Hafenanlagen in der Danziger Bucht, Gdingen, Oxhöft und der Halbinsel Hela.

Stukas zerschlugen den Bahnhof von Piotrkow, auf dem gerade polnische Truppen ausgeladen wurden. Bei Radomski zerschlugen Stukas marschierende polnische Kolonnen. Sie zertrommelten starke Kräfte bei Dzialoszyn an der Warthe und ersparten der Infanterie und den Panzersoldaten am Boden verlustreiche Kämpfe.

Die Luftwaffe begann den Kampf um Warschau am

Nach der Besetzung Danzigs wurden Wehrmachtseinheiten von der Bevölkerung mit Blumen bedacht. In der ehemaligen »Freien Stadt« hatten nationalsozialistische Organisationen zielbewußt auf die Auseinandersetzung mit Polen hingearbeitet

16. September mit dem Abwurf von einer Million Flugblätter. Sie enthielten die Aufforderung an die Zivilbevölkerung, die Stadt binnen zwölf Stunden zu verlassen, falls Warschau nicht kampflos übergeben werde. Bis zum 24. September wurde der Flugblattabwurf viermal wiederholt. Aber die Zivilisten blieben. 120 000 polnische Soldaten verschanzten sich in den Häusern und bauten Barrikaden.

Die Fliegerangriffe auf Warschau begannen am 25. September um 8 Uhr. Weil aber inzwischen ein Großteil der Luftwaffenverbände in den Westen verlegt worden war – aus Furcht vor einem Angriff der Westmächte – standen nur noch 400 Kampf-, Sturzkampf- und Schlachtflugzeuge zur Verfügung. Sie wurden durch 30 Junkers Ju 52-Transportflugzeuge vestärkt. Sie waren mit Brandbomben beladen; in jeder Maschine standen zwei Soldaten, die die Bomben aus der Tür hinausschaufelten. Einige Brandbomben wurden abgetrieben und fielen in die deutschen Linien. Alle Luftangriffe galten den Festungswerken, nicht den Wohnvierteln. Insgesamt fielen 560 Tonnen Sprengbomben und 72 Tonnen Brandbomben auf Warschau.

Der Krieg hinter der Front

Von der Tribüne eines Rennplatzes beobachtete Hitler die Rauchwolken über der Stadt, die bis in 3500 Meter Höhe reichten. Am nächsten Tag eröffneten 150 Batterien der Artillerie das Feuer auf feindliche Stellungen, Gas-, Wasser- und Elektrizitätswerke. Dann begann der Sturm der Infanterie. Am 27. September gingen über Warschau die weißen Fahnen hoch. Die Polen kapitulierten. Fünf Tage lang hatte es kein Wasser mehr in der Stadt gegeben, kein Licht, kein Gas, keine Lebensmittel. In den Trümmern lagen 26 000 tote Zivilisten.

Am 5. Oktober flog Hitler noch einmal nach Warschau, um die große Siegesparade abzunehmen. Im Parademarsch zogen Infanterieregimenter an ihm vorbei. Hitler war sehr ernst. Seine Gedanken beschäftigten sich vermutlich bereits mit dem nächsten Feldzug, dem gegen Frankreich. Nicht auf der Parade waren die Einsatzgruppen zu sehen: Beamte des SD in der Uniform der

Während an der Front noch gekämpft wurde, liefen im Hinterland schon die Maßnahmen gegen »störende« Bevölkerungsteile, polnische Führungsschicht und vor allem Juden an: Erschießungen, Umsiedlungen und Verschleppung zu Zwangsarbeit (Bild)

SS-Verfügungstruppe. Ihre Aufgabe wurde offiziell umschrieben als »Bekämpfung aller reichs- und deutsch-feindlichen Elemente rückwärts der fechtenden Truppe«. Ab Oktober begannen sie mit der »Flurbereinigung«, mit Massenerschießungen von Polen und Juden.

Während des Polenfeldzuges hatte es verhältnismäßig wenig Übergriffe gegeben. So waren beim Einzug der deutschen Truppen in Kronskie von Heckenschützen Schüsse aus dem Hinterhalt gefallen. Ein aufgeregter Flakoffizier ließ seine Soldaten sinnlos in eine auf dem Marktplatz versammelte Menschenmenge schießen. Er wurde von einem Kriegsgericht degradiert.

Auch in mehreren anderen Fällen von tatsächlicher oder vermeintlicher Partisanentätigkeit polnischer Zivilisten bemühten sich Divisions- und Armeekriegsgerichte redlich um eine Wahrheitsfindung.

Dabei kam es – neben Verurteilung wegen kriegsvölkerrechtswidrigen Kampfes in Zivil aus dem Hinterhalt – aber auch zu mehreren Freisprüchen. Als Hitler davon erfuhr, geriet er, ob solcher Milde, außer sich. Dem General Keitel erklärte er, daß seine Wehrmachtsrechtsabteilung auf der ganzen Linie versagt habe.

Noch während des Kampfes um Warschau, am 27. September, unterzeichnete Hitler den Erlaß zur Bildung eincs »Reichssicherheitshauptamtes«, in dem Polizei und Sicherheitsdienst der SS formell vereinigt wurden – eine zentrale Behörde, die im besetzten Polen ohne leidige Einsprüche von Wehrmachtsoffizieren nach Gutdünken arbeiten und hinrichten konnte, ganz und gar ohne Kriegsgerichte mit ihren pingeligen Untersuchungen.

Doch schon zuvor, noch während der Kampfhandlungen, hatten die Einsatzgruppen ihre Vorbereitungen für kommende Unternehmen getroffen: Beschlagnahme von Einwohnerlisten, Militärpapieren und anderen Unterlagen, aus denen sich der Kreis der auszurottenden Personen – polnischer Adel, Geistlichkeit und Juden – festlegen ließ.

Sechs Einsatzgruppen – bezeichnet mit römischen Ziffern – waren für den Polenfeldzug gebildet worden: Jeder der fünf Armeen folgte eine nach, die sechste war für Westpreußen-Posen bestimmt. Nachträglich kam gegen Ende der Kampfhandlungen noch die »Einsatzgruppe z. b. V.« (zur besonderen Verwendung) unter dem SS-Obergruppenführer Udo von Woyrsch hinzu, der aus persönlichem Eifer heraus erstmals mit summarischen Erschießungen von Juden begann. Doch dafür bestand noch kein genereller Befehl. Nach Protesten von Wehrmacht-Generalen hörten die Hinrichtungen zunächst auf.

Zu üblen Ausschreitungen kam es vor allem aber auch, weil

polnische Greueltaten vorangegangen waren. So hatte am 3. September der polnische Militärkommandant von Bromberg (polnisch Bydgoszc), im »Korridor« gelegen, ein Massaker an mehreren tausend dort lebenden Deutschen befohlen. Der Vorwand: Sie hätten sich aktiv an Kampfhandlungen gegen polnische Truppen beteiligt. Tatsächlich wurden mindestens 64 deutsche Zivilisten auf viehische Weise umgebracht. Das deutsche Auswärtige Amt veröffentlichte später eine übertriebene Gesamtziffer der während des Feldzuges in ganz Polen ermordeten Deutschen von 58 000.

Die Folgen waren ein Führerbefehl über den Einsatz von Sonderkommissionen zur Untersuchung der »Greuelmorde« in Bromberg und in Posen, die Hinrichtung mehrerer hundert polnischer Zivilisten wegen des Tragens von Waffen – 370 allein am 11. September und die Einsetzung von Sondergerichten gegen Polen unter Leitung des Staatssekretärs Roland Freisler.

Aber auch das gehört zum Polenfeldzug: Der Kreisleiter Werner Adolf Kampfe wurde als Bürgermeister von Bromberg eingesetzt und erhielt den Auftrag, die »durch die Polengreuel geschädigten Volksdeutschen zu entschädigen«. Er entledigte sich dieser Aufgabe, in dem er an ihm befreundete politische Leiter und Gemeindebeamte Millionenwerte verschob. Das Reichsjustizministerium erhob gegen ihn Anklage. Sein Gauleiter Forster deckte ihn jedoch.

Soldaten hatten mit ihrem Blut einen zweifellos großen militärischen Sieg errungen. Doch hinter ihnen wuselten die Ratten.

Und die andere in Polen eingefallene Macht, die Sowjetunion? Sie erklärte zu Kriegsgefangenen, was immer an Soldaten der polnischen Armee sich in ihrem Besatzungsgebiet befand. Zehntausende von polnischen Soldaten wurden in den Osten verschleppt und verschwanden. Während des Rußlandfeldzuges entdeckten deutsche Soldaten im Frühjahr 1943 eine Reihe von Massengräbern in einem Wald bei Katyn, 20 Kilometer westlich

Zum Bild auf den beiden folgenden Seiten: Deutsche Infanterie auf dem Vormarsch. Im Polenfeldzug verliefen ihre Einsätze noch keineswegs so reibungslos und perfekt wie später. Es gab oft Pannen, Nervositäten und Panikreaktionen, z. B. wenn unvermutet polnische Kavallerie auftauchte

Smolensk. Sie enthielten die Leichen von 4143 polnischen Offizieren, die 1939 in sowjetische Kriegsgefangenschaft geraten waren. Eine internationale Kommission untersuchte die Leichen sofort nach Auffindung. Es gilt als gesicherte Erkenntnis, daß die polnischen Offiziere von sowjetischen Einsatzkommandos erschossen worden sind. Während der Nürnberger Prozesse versuchte die Sowjetunion die Schuld an ihrem Tod auf die Deutschen abzuwälzen. Der Nachweis dafür gelang nicht. Die sowjetische Regierung lehnte es damals ab, die Gräber nochmals von einer Kommission des Roten Kreuzes untersuchen zu lassen.

Die in London residierende polnische Exilregierung brach daraufhin ihre diplomatischen Beziehungen zur UdSSR ab.

Gewiß ist jedoch, daß der Polenfeldzug – von der deutschen Propaganda als ein Krieg mit minimalen Verlusten gefeiert – ganz erhebliche Opfer gekostet hat und im Laufe der Kriegsjahre noch viel mehr nach sich zog.

Die deutsche Wehrmacht verlor (nach amtlichen deutschen Angaben): 10 572 Tote, 3409 Vermißte und hatte 30 322 Verwundete. In diesen Zahlen sind die Verluste der Luftwaffe enthalten, die im einzelnen 734 Gefallene und 285 Flugzeuge, darunter 109 Bomber und Sturzbomber, betrugen.

Die unmittelbaren polnischen Opfer des Feldzuges sind nicht genau bekannt. Sicher ist, daß 694 000 polnische Soldaten in deutsche und 217 000 Mann in sowjetische Kriegsgefangenschaft gerieten. Weitere rund 100 000 polnische Militärangehörige flüchteten nach Rumänien und nach Ungarn und wurden dort interniert. 50 000 polnische Soldaten entkamen nach Litauen und Lettland. Von diesen schlug sich eine größere Anzahl ins westliche Ausland durch und formierte zum Teil eine polnische Armee in England. Viele von ihnen fielen im Kampf gegen die deutsche und die italienische Armee in Nordafrika, Italien und nach der Invasion in Frankreich.

Polen verlor im Zweiten Weltkrieg bei Kampfhandlungen und durch Maßnahmen der Besatzungsmacht etwa 2,4 Millionen Einwohner.

Dokumente August – November 1939

Vorerst unbehelligt von englischen und französischen Offensiven (was ihm den gefährlichen Glauben eingab, die Westmächte würden auch jetzt noch stillhalten) ließ Hitler seine Armeen gemäß sorgfältig ausgearbeitetem Plan (Dokument Nr. 21) in Polen einfallen. Binnen weniger Wochen lag der kleine Staat am Boden, wenn auch die Maschinerie des »Blitzkrieges« noch nicht so geölt lief wie später (Nr. 22).

Bei der militärischen Niederwerfung allein blieb es nicht. Was der Polenfeldzug darüber hinaus bezwecken sollte, zeigen Dokumente wie die Canaris-Notiz (Nr. 24), Heydrichs RSHA-Mitteilung (Nr. 25), der Journalisten-Bericht (Nr. 26) und Generalgouverneur Franks Besprechungsprotokoll (Nr. 27): Massenerschießungen, Judenvertreibung und das Herunterbringen eines ganzen Volkes auf den Status von Wanderarbeitern, zusammengefaßt unter dem Landwirtschafts-Fachbegriff »Flurbereinigung«. Das herkömmliche Kriegsbild war verwischt. Mochten die Militärs sich »soldatisch« verhalten und auf Achtung der Kriegsregeln dringen (Nr. 28) – hinter ihnen war eine Macht aufgezogen, Hitlers Werkzeug, die SS, die den Sieg der Wehrmacht über Polen in verbrecherischer Weise ausnutzte.

Dem Volk wurde hiervon wenig erzählt, viel mehr hingegen vom »Bromberger Blutsonntag«, jenem Massaker an knapp hundert Angehörigen der deutschen Minderheit, das sich unter dem verheerenden Eindruck deutscher Stuka- und Panzerangriffe in Bromberg ereignet hatte (Nr. 23) – eine kümmerliche Entschuldigung angesichts der hunderttausendfachen Morde an Juden und Polen, die in den Zeiten der deutschen Besetzung geplant und ohne jede Erregung durchgeführt wurden.

Angriff gegen Polen

Dokument Nr. 21: Weisung für »Fall Weiß«, 31. 8. 1939

1. Nachdem alle politischen Möglichkeiten erschöpft sind, um auf friedlichem Wege eine für Deutschland unerträgliche Lage an seiner Ostgrenze zu beseitigen, habe ich mich zur gewaltsamen Lösung entschlossen.

2. Der Angriff gegen Polen ist nach den für Fall Weiß getroffenen Vorbereitungen zu führen, mit den Abänderungen, die sich beim Heer durch den inzwischen fast vollendeten Aufmarsch ergeben.

Aufgabenverteilung und Operationsziel bleiben unverändert.

Angriffstag: 1. 9. 1939

Angriffszeit: 4.45 Uhr

Diese Zeit gilt auch für die Unternehmungen Gdingen–Danziger Bucht und Brücke Dirschau.

3. Im Westen kommt es darauf an, die Verantwortung für die Eröffnung der Feindseligkeiten eindeutig England und Frankreich zu überlassen. Geringfügigen Grenzverletzungen ist zunächst rein örtlich entgegenzutreten. Die von uns Holland, Belgien, Luxemburg und der Schweiz zugesicherte Neutralität ist peinlich zu achten.

Die deutsche Westgrenze ist zu Lande an keiner Stelle ohne meine ausdrückliche Genehmigung zu überschreiten.

Zur See gilt das gleiche für alle kriegerischen oder als solche zu deutenden Handlungen.

Die defensiven Maßnahmen der Luftwaffe sind zunächst auf die unbedingte Abwehr feindl. Luftangriffe an der Reichsgrenze zu beschränken, wobei solange als möglich die Grenze der neutralen Staaten bei der Abwehr einzelner Flugzeuge und kleinerer Einheiten zu achten ist. Erst wenn beim Einsatz stärkerer franz. und engl. Angriffsverbände über die neutralen Staaten gegen deutsches Gebiet die Luftverteidigung im Westen nicht mehr gesichert ist, ist die Abwehr auch über diesem neutralen Gebiet freizugeben . . .

4. Eröffnen England und Frankreich die Feindseligkeiten gegen Deutschland, so ist es die Aufgabe der im Westen operierenden Teile der Wehrmacht, unter möglichster Schonung der Kräfte die Voraussetzungen für den siegreichen Abschluß der Operationen gegen Polen zu erhalten. Im Rahmen dieser Aufgabe sind die feindl. Streitkräfte

Schwere Mörser wurden bei der Beschießung Warschaus eingesetzt, die, wie es zynisch zu diesem Bild in der »Berliner Zeitung« vom 2. Oktober 1939 hieß, »den Polen den Aufenthalt in den Warschauer Forts sehr ungemütlich machten«

und deren wehrwirtschaftl. Kraftquellen nach Kräften zu schädigen. Den Befehl zum Beginn von Angriffshandlungen behalte ich mir in jedem Fall vor. Das Heer hält den Westwall und trifft Vorbereitungen, dessen Umfassung im Norden – unter Verletzung belgischen oder holländischen Gebietes durch die Westmächte – zu verhindern. Rükken franz. Kräfte in Luxemburg ein, so bleibt die Sprengung der Grenzbrücken freigegeben.

Die Kriegsmarine führt Handelskrieg mit dem Schwerpunkt England. Zur Verstärkung der Wirkung kann mit der Erklärung von Gefahrenzonen gerechnet werden. OKM meldet, in welchen Seegebieten und in welchem Umfang Gefahrenzonen für zweckmäßig gehalten werden. Der Wortlaut für eine öffentl. Erklärung ist im Benehmen mit dem Ausw. Amte vorzubereiten und mir über OKW zur Genehmigung vorzulegen.

Die Ostsee ist gegen feindl. Einbruch zu sichern. Die Entscheidung, ob zu diesem Zwecke die Ostsee-Eingänge mit Minen gesperrt werden dürfen, trifft Ob.d.M. Die Luftwaffe hat in erster Linie den Einsatz der franz. und engl. Luftwaffe gegen das deutsche Heer und den deutschen Lebensraum zu verhindern.

Bei der Kampfführung gegen England ist der Einsatz der Luftwaffe zur Störung der engl. Seezufuhr, der Rüstungsindustrie, der Truppentransporte nach Frankreich vorzubereiten. Günstige Gelegenheit zu einem wirkungsvollen Angriff gegen massierte engl. Flotteneinheiten, insbes. gegen Schlachtschiffe und Flugzeugträger, ist auszunutzen. Angriffe gegen London bleiben meiner Entscheidung vorbehalten. Die Angriffe gegen das englische Mutterland sind unter dem Gesichtspunkt vorzubereiten, daß unzureichender Erfolg mit Teilkräften unter allen Umständen zu vermeiden ist.

Erste Verluste

Dokument Nr. 22: Briefe aus dem Polenfeldzug, Sept. 1939

Der Vormarsch ist zum Stocken gekommen. Eine Linie leichter Bunker scheint ein unüberwindliches Hindernis zu sein. Man sagt, sie sei von der Welle unserer Flieger übersehen worden. Panzerwagen gehen vor. Wir verfolgen gespannt den tiefgestaffelten Angriff. Aber das sumpfige Gelände ist wie ein natürlicher Wall. Ein Wagen nach dem anderen bleibt stecken. Jetzt bekommen wir unsere erste Arbeit, unser erstes Feuer, unsere ersten Verluste. Mit Faschinen und unseren Raupenschleppern versuchen wir, die Panzerwagen frei zu bekommen. Das Durcheinander ist groß. - Hier hätten nur Tanks etwas genützt. So bleibt der Angriff liegen. Motorisierte Kavallerie stürmt die Bunker unter großen Verlusten.

Und nun ist alles wieder vorbei. Man besteigt die Fahrzeuge, die Motoren werden angeworfen, fast als sei gar nichts gewesen. Da merkt man plötzlich, daß der Platz neben einem leer geworden ist.

*

Die »Schlacht im Weichselbogen« geht ihrem Ende entgegen. Wir sind an der Weichsel. Wie begierig waren wir, diesen Fluß zu sehen! Aber es ist Nacht. Schon seit einigen Stunden stehen wir hier. Es ist empfindlich kalt und regnet leise. Der erste Regen seit Beginn des Krieges. Wir sitzen eng zusammengedrängt in unseren Wagen, die Planen über uns geworfen. So ist es etwas wärmer.

Wieder lausche ich auf die eigentümlichen Geräusche eines Gefechtes bei Nacht. Auf der anderen Seite des Flusses liegt Annapol. Andere Pioniereinheiten haben schon im Feuer einen 400 Meter langen Brückensteg gebaut. Auf ihm staut sich die vorgehende Artillerie. Sie können nicht vor und zurück, andere Truppen drängen nach. Die polnische Artillerie beschießt die Brückenköpfe, wir müssen sie räumen. Ein Glück, daß sie nicht die Brücke beschießen. Da steht Geschütz an Geschütz.

*

Krasnik – Annapol – Oczarow. Eine schier endlose Schlange schleicht über die staubige Straße. Die Polen – Ukrainer und Russen ließen wir frei – haben fast durchweg keine Fußbekleidung mehr. Irgendeinen Fetzen winden sie sich um die Füße. Ihre Stiefel sind längst auf der Flucht kaputt gegangen, die Hälfte ist fußkrank. Wo wir konnten, haben wir Panjewagen für die Kranken aufgetrieben.

Da sind große Familien, die mit ihrem ganzen Hab und Gut auf einem Wagen Platz gefunden haben. Ein dürres polnisches Pferdchen zieht das Gefährt, das sich tief durchbiegt. Hin und wieder eine Kutsche mit der Familie des Gutsbesitzers. Auch manchmal ein Auto, das von einem Pferd gezogen wird, denn Benzin gibt es nicht zu kaufen. Weitaus der größte Teil ist zu Fuß. Müde und hoffnungslos ziehen sie dahin. Der Hunger steht ihnen im Gesicht geschrieben. Eine alte Frau mit vier Kindern hat ihre Schürze hochgebunden und sammelt alles, was sie findet, Brotrinden, Speckfetzen, Knochen, nicht ganz geleerte Konservendosen . . .

Nach zweitägigen Luftbombardements und Beschießungen durch Artillerie drangen am 26. September 1939 deutsche Soldaten in die Vorstädte Warschaus ein

Bromberger Blutsonntag

Dokument Nr. 23: Bericht eines Überlebenden, Sept. 1939

Zur Sache: Am Sonntag, dem 3. September 1939, früh gegen 6 Uhr, begab ich mich zur Mühle, um das Licht auszuschalten und die Turbine abzustellen. Auf dem Wege dorthin hörte ich vom Bahndamm her plötzlich lautes Schreien. In einer Entfernung von etwa 100 Meter sah ich, wie unterhalb des Bahndamms eine Gruppe von Eisenbahnern und Zivilpersonen und Militär mit Bajonetten, Gewehrkolben, Knüppeln auf sieben Personen im Alter von 20 bis 60 Jahren einschlugen. Sie hatten die Opfer umringt. Ich bin etwas näher hingelaufen und hörte, wie sie auf polnisch riefen: »Totschlagen, die Deutschen!« Ich sah schon von weitem, wie das Blut spritzte. Ich drehte mich dann aber um, als ich sah, daß sich die Horde auch auf mich stürzen wollte. Um 9 Uhr bin ich dann noch einmal hingegangen und sah mir die Leichen an. Bei zwei Leichen waren die Augen mit Bajonetten ausgedreht. Die Augenhöhlen waren leer, es war nur noch eine blutige Masse vorhanden. Bei drei waren die Schädel abgedeckt, das Gehirn lag ein Meter von den Leichen entfernt. Die anderen Leichen waren auch total zerschlagen.

Nachmittags um 3 oder 4 Uhr kam eine Gruppe Soldaten mit Eisenbahnern und brachte 18 Deutsche zu meiner Mühle, der Mühle Peterson. Sie wurden je zu zweit zusammengebunden. Ich konnte das vom Garten aus genau beobachten. Sie wurden dann zu zweien alle 18 heruntergeschossen. Dann haben sie noch auf die am Boden Liegenden eingeschlagen. Darunter waren ein vierzehnjähriger Junge und eine Frau. Es mußte diesmal offenbar sehr schnell gehen, denn sie verzogen sich alle gleich wieder. Ich habe mir die Leichen nachher genau angesehen, sie lagen noch drei Tage dort.

Am Montagnachmittag, als es schon hieß, das polnische Militär sei abgerückt, brachten zwei Soldaten einen älteren Mann und eine ältere Frau. Sie stellten sie vor meinen Augen in der Mühle an die Wand. Ich lief noch hin, kniete noch vor den Soldaten nieder und bat sie auf polnisch, sie möchten die beiden Alten doch laufen lassen. Sie waren beide etwa 65 Jahre alt. Ich bekam einen Kolbenstoß von dem einen Soldaten. Dabei sagte er zu mir: »Sollen doch die verfluchten Niemcys (Deutschen) krepieren!«

Umfangreiche Füsilierungen

Dokument Nr. 24: Aktenvermerk von Admiral Canaris, 12. 9. 1939

Ich machte Generaloberst Keitel darauf aufmerksam, daß ich davon Kenntnis habe, daß umfangreiche Füsilierungen in Polen geplant seien und daß insbesondere der Adel und die Geistlichkeit ausgerottet werden sollten. Für diese Methoden wird die Welt schließlich doch auch die Wehrmacht verantwortlich machen . . .

Generaloberst Keitel erwiderte darauf, daß diese Sache bereits vom Führer entschieden sei, der dem Ob.d.H. klargemacht habe, daß, wenn die Wehrmacht hiermit nichts zu tun haben wolle, sie es auch hinnehmen müsse, daß SS und Gestapo neben ihr in Erscheinung treten. Es werden daher in jedem Militärbezirk neben den Militär- auch Zivil-Befehlshaber eingesetzt werden; letzteren würde eben die »Volkstums-Ausrottung« zufallen.

[Bleistiftnotiz: Politische Flurbereinigung.]

Ausrottung der Führungsschicht

Dokument Nr. 25: Mitteilung Heydrichs an die Chefs der Amtsgruppen des Reichssicherheits-Hauptamtes, 21. 9. 1939

Die Entwicklung im ehemaligen Polen ist zunächst so gedacht, daß die ehemaligen deutschen Provinzen deutsche Gaue werden und daneben ein Gau mit fremdsprachiger Bevölkerung mit der Hauptstadt Krakau geschaffen wird ... Dieser fremdsprachige Gau soll außerhalb des neu zu schaffenden Ostwalls liegen. Der Ostwall umfaßt alle deutschen Provinzen, und man hat praktisch als Niemandsland davor den fremdsprachigen Gau. Als Siedlungskommissar für den Osten wird RFSS eingesetzt. Die Judendeportationen in den fremdsprachigen Gau, Abschiebung über die Demarkationslinie, ist vom Führer genehmigt. Jedoch soll der ganze Prozeß auf die Dauer eines Jahres verteilt werden. Die Lösung des Polen-Problems – wie schon mehrfach ausgeführt – unterschiedlich nach der Führungsschicht (Intelligenz der Polen) und der unteren Arbeitsschicht des Polentums. Von dem politischen Führertum sind in den okkupierten Gebieten höchstens noch 3% vorhanden. Auch diese 3% müssen unschädlich gemacht werden und kommen in KZs. Die Einsatzgruppen haben Listen aufzustellen, in welchen die markanten Führer erfaßt werden, daneben Listen der Mittelschicht: Lehrer, Geistlichkeit, Adel, Legionäre, zurückkehrende Offiziere usw. Auch diese sind zu verhaften und in den Restraum abzuschieben. Die seelsorgische Betreuung der Polen soll durch katholische Geistlichkeit aus dem Westen durchgeführt werden, die aber nicht polnisch sprechen dürfen. Die primitiven Polen sind als Wanderarbeiter in den Arbeitsprozeß einzugliedern und werden aus den deutschen Gauen allmählich in den fremdsprachigen Gau ausgesiedelt. Das Judentum ist in den Städten im Ghetto zusammenzufassen, um eine bessere Kontrollmöglichkeit und später Abschubmöglichkeit zu haben. Hierbei vordringlich ist, daß der Jude als Kleinsiedler vom Land verschwindet. Diese Aktion muß innerhalb der nächsten 3 bis 4 Wochen durchgeführt sein. Sofern der Jude auf dem Land Händler ist, ist mit der Wehrmacht zu klären, wieweit diese jüdischen Händler

Während Hitler im besetzten Warschau den Vorbeimarsch seiner siegreichen Truppen abnahm (oben), übergaben deutsche Offiziere das eroberte Brest-Litowsk an die Russen. Stalins Abgesandte waren gekommen, um wie vereinbart ihr Stück am polnischen Kuchen in Empfang zu nehmen. Die neuen Waffenbrüder feierten die Ablösung mit gemeinsamer Militärparade (unten)

zur Bedarfsdeckung der Truppe noch an Ort und Stelle verbleiben müssen. Folgende Anordnung wurde erteilt:

1. Juden so schnell wie möglich in die Städte,
2. Juden aus dem Reich nach Polen,
3. die restlichen 30 000 Zigeuner auch nach Polen,
4. systematisch Ausschickung der Juden aus den deutschen Gebieten mit Güterzügen.

Schnell und wirksam

Dokument Nr. 24: Bericht eines deutschen Journalisten von einer Reise in die Provinzen Posen und Westpreußen, 23. 10. 1939

Die Straßen sind in Ordnung, das äußere Bild in den Städten und Dörfern ist durchaus normal. Es wird überall gearbeitet. Die Lebensmittelversorgung klappt. In schwierigen Fällen springt die NSV helfend ein. Der Krieg selbst ist zu Ende.

Dafür hat die Neuordnung begonnen. Die Neuordnung zeigt sich hier außerordentlich kompliziert. Es handelt sich nicht allein darum, an die Stelle der geschwundenen polnischen Verwaltung eine deutsche zu setzen, sondern gleichzeitig kommt es darauf an, die Gebiete, die als deutsche Provinzen zum Reich geschlagen werden, 100% von Polen und Juden zu säubern und in diesen Gebieten die zurückkehrenden Volksdeutschen aus dem Baltikum, Wolhynien usw. unterzubringen. Dieser Umgruppierungsprozeß ist nicht eine Angelegenheit, die in langer Planung vorbereitet werden kann, sondern überstürzt durchgeführt werden muß, weil eben jetzt schon der Strom der heimkehrenden Volksdeutschen eingesetzt hat, für die unter allen Umständen Platz sein muß.

Bei der Befreiung der neuen deutschen Reichsgebiete vom Polentum sind daher deutlich zwei Methoden zu unterscheiden. In jenen Gebieten, wo wie etwa in Gotenhafen und im nördlichen Korridorgebiet, die Baltenheimkehrer eintreffen, werden die Polen kurzerhand an die Luft gesetzt. Das geht etwa so vor sich, daß ein eintreffender Balte, sagen wir von Beruf Friseur, sich bei der zuständigen Verwaltungsstelle meldet, mit der Bitte, einen Friseurladen aufmachen zu können. Dann wird ihm die Adresse eines polnischen Friseurs gegeben. Unter Begleitung einiger Vollzugsbeamter des Sicherheitsdienstes geht er dorthin und erklärt dem Polen, daß er zu verschwinden hat. Er übernimmt gegen einen freundlichen Händedruck das gesamte tote und lebende Inventar dieses Unternehmens. Nach Reinigung des Betriebes von Wanzen, wozu die NSV besondere Einsatztrupps von Scheuerfrauen organisiert hat, geht dann der Betrieb in deutscher Regie los. Der Pole begibt sich, soweit er bewegliche Habe mitnehmen kann, auf die Wanderschaft. Ihm wird nichts weiter angegeben, als Ziel: Polen östlich von Warschau. Hat er einen Panje-Wagen und Pferd, kann er ein paar Ausrüstungsgegenstände mitnehmen, sonst marschiert er zu Fuß nach Osten. Um nicht unangenehme Bilder hervorzurufen, bewegen sich diese Flüchtlingsströme ausschließlich in der Dunkelheit.

Der ganze Vorgang zeichnet sich durch Schnelligkeit und Wirksamkeit aus. Man muß, um diese Dinge vor allem auch in ihrer menschlichen Hinsicht richtig zu würdigen, sich aber vor Augen halten, daß die Menschen im Osten ohnehin frei von mitteleuropäischer Sentimentalität sind, der Mensch als solcher nur geringen Wert genießt und vor allem das Polentum sich in den letzten Tagen nach Kriegsausbruch in abgrundtiefer Barbarei und Gemeinheit gezeigt hat.

Herrenmenschen im Generalgouvernement

Dokument Nr. 27: Besprechungsprotokoll, 31. 10. 1939

Generalgouverneur Frank erklärte, das Generalgouvernement könne nicht im Sinne eines staatlichen Ordnungsbetriebs aufgebaut werden, unter allen Umständen müßte aber die Lebensmittelversorgung der deutschen Beamten, die oft sehr schwierig sei, sichergestellt werden. Ganz klar müsse der Unterschied zwischen dem deutschen Herrenvolk und den Polen herausgestellt werden. Die NS-Volkswohlfahrt sei ausschließlich für die Deutschen da, während sich die Polen – von den Juden sei überhaupt nicht die Rede – selbst helfen müßten.

Den Polen dürften nur solche Bildungsmöglichkeiten zur Verfügung gestellt werden, die ihnen die Aussichtslosigkeit ihres völkischen Schicksals zeigten. Es könnten daher höchstens schlechte Filme oder solche, die die Größe und Stärke des Deutschen Reiches vor Augen führen, in Frage kommen. Es werde notwendig sein, daß große Lautsprecheranlagen einen gewissen Nachrichtendienst für die Polen vermitteln.

Reichsminister Dr. Goebbels sprach sich grundsätzlich in Übereinstimmung mit den Ausführungen des Herren Generalgouverneurs gegen die Einrichtung eines polnischen Theater-, Kino- und Kabarett-

Todesanzeige

Nach langem, bei der Geburt erworbenen Leiden, verschied an den Folgen schwerer Operationen unser liebes Kind

Polska

im Alter von 20 Jahren, nachdem wir erst vor einem halben Jahr unser liebes Kind

Tschecho-Slowakei

verloren haben. Damit starb nun die größte Hoffnung unserer so schwer geprüften Familien an den gleichen Krankheitserscheinungen wie unser erstes Kind.

Die traurigen Hinterbliebenen:

Chamberlain, Churchill, Daladier, John Bull, Frau Marianne France, Samuel Hoare und Sippschaft

Die Enkelkinder: Benesch, Beck.

London und Paris, im September 1939.

Die Beerdigung findet nicht im Geburtshaus Versailles statt, sondern aus bestimmten Gründen in Berlin. Beileidstelegramme sind zu richten an:

Das britische Lügenministerium in London.

Von Kondolenzbesuchen bitten wir aus organischen Gründen Abstand zu nehmen.

Nach dem Sieg der Spott über die vermeintlich kraftlosen Gegner: Die satirisch gemeinte »Todesanzeige« aus einer NS-Zeitung macht sich über das untergegangene Polen und seine Beschützer England und Frankreich lustig – Beispiel für eine Gesinnung, die hinter sich alle Brücken abgebrochen weiß betriebes aus. Es würden in den größeren Städten und Märkten stationäre Lautsprecheranlagen aufgestellt werden, die zu bestimmten Zeiten Nachrichten über den Stand der Lage und Befehlsparolen für die Polen geben.

Reichsminister Dr. Goebbels führt aus, daß das gesamte Nachrichtenvermittlungswesen der Polen zerschlagen werden müsse. Die Polen dürften keine Rundfunkapparate und nur reine Nachrichtenzeitungen, keinesfalls eine Meinungspresse behalten. Grundsätzlich dürften sie auch keine Theater, Kinos und Kabaretts bekommen, damit ihnen nicht immer wieder vor Augen geführt werden würde, was ihnen verlorengegangen sei. Wenn sich für große Städte, wie z. B. Warschau, die Notwendigkeit ergebe, durch Kinovorstellungen die Polen von der Straße wegzubekommen, dann müsse das von Fall zu Fall entschieden werden. Herr Generalgouverneur erklärte, daß die höheren Schulen bereits geschlossen seien. Die Priesterseminare, die von der Wehrmacht bereits wieder eröffnet worden seien, würden grundsätzlich geschlossen werden da es sich hier nur um Brutstätten des Deutschen-Hasses handele.

Greuel in Polen

Dokument Nr. 28: Brief eines deutschen Offiziers, 21. 11. 1939

Dazu kommt noch all das Unglaubliche, was dort am Rande passiert und wo wir mit verschränkten Armen zusehen müssen! Die blühendste Phantasie einer Greuelpropaganda ist arm gegen die Dinge, die eine organisierte Mörder-, Räuber- und Plünderbande unter angeblich höchster Duldung dort verbricht. Da kann man nicht mehr von »berechtigter Empörung über an Volksdeutschen begangenen Verbrechen« sprechen. Die Ausrottung ganzer Geschlechter mit Frauen und Kindern ist nur von einem Untermenschentum möglich, das den Namen Deutsch nicht mehr verdient.

Ich schäme mich, ein Deutscher zu sein! Diese Minderheit, die durch Morden, Plündern und Sengen den deutschen Namen besudelt, wird das Unglück des ganzen deutschen Volkes werden, wenn wir ihnen nicht bald das Handwerk legen. Denn solche Dinge, wie sie von kompetentester Seite an Ort und Stelle geschildert und bewiesen wurden, müssen die rächende Nemesis wachrufen. Oder dies Gesindel geht gegen uns Anständige eines Tages ebenso vor und terrorisiert mit seinen pathologischen Leidenschaften auch das eigene Volk.

Zeittafel

1933

14. 10. Deutschland verläßt die Abrüstungskonferenz
19. 10. Deutschland tritt aus dem Völkerbund aus
Dez. Konrad Henlein gründet die Sudetendeutsche Heimatfront
18. 12. Deutscher Vorstoß in der Rüstungsfrage: Vergrößerung der Reichswehr auf 300 000 Mann

1934

26. 1. Deutsch-polnischer Nichtangriffspakt
17. 4. Frankreichs Außenminister Barthou erklärt, sein Land werde infolge der deutschen Aufrüstung die Verhandlungen über Rüstungsbeschränkung nicht fortsetzen
18. 4. Ribbentrop wird zum Sonderbeauftragten für Abrüstungsfragen ernannt
14./15. 6. Hitler besucht Mussolini in Venedig
25. 7. In Wien scheitert ein Putsch der Nationalsozialisten. Bundeskanzler Dollfuß wird ermordet
30. 7. Dollfuß' Nachfolger Schuschnigg tritt sein Amt als österreichischer Regierungschef an
9. 10. In Marseille werden König Alexander von Jugoslawien und Frankreichs Außenminister Barthou ermordet

1935

13. 3. Nach einer Volksabstimmung wird das Saargebiet an Deutschland zurückgegeben
16. 3. Wiedereinführung der allgemeinen Wehrpflicht
26. 3. Großbritanniens Außenminister Simon und Lordsiegelbewahrer Eden besuchen Hitler in Berlin
16. 4. Die Konferenz von Stresa (England/Frankreich/Italien) verurteilt die Wiedereinführung der allgemeinen Wehrpflicht in Deutschland
21. 5. Hitler hält im Reichstag seine sog. Friedensrede
18. 6. Abschluß des britisch-deutschen Flottenabkommens

2. 10. Italien greift Abessinien an. Der Völkerbund verhängt wirtschaftliche Sanktionen gegen Italien, die Ausfuhr wichtiger Rohstoffe, vor allem Öl, bleibt jedoch davon unberührt

1936

7. 3. Deutsche Truppen besetzen die entmilitarisierte Zone des Rheinlands

18. 3. Der Völkerbund verurteilt den deutschen Einmarsch ins Rheinland

5. 5. Mussolini erklärt Abessinien für erobert

16. 7. Putsch rechtsgerichteter Offiziere gegen die republikanische Regierung in Spanien. Beginn des Bürgerkriegs

1. 8. Eröffnung der XI. Olympischen Sommerspiele in Berlin

4. 9. Großbritanniens ehemaliger Premierminister Lloyd George wird von Hitler empfangen

25. 9. »Achse Berlin–Rom« gegründet

26. 11. Deutsch-japanischer »Antikominternpakt«

1937

4. 3. Papst Pius XI. erläßt die Enzyklika »Mit brennender Sorge« gegen Kirchenfeindschaft und Neuheidentum im Dritten Reich

7. 9. Hitler erklärt den Versailler Vertrag für ungültig

25. – 28. 9. Mussolini besucht Deutschland

5. 11. In einer Besprechung mit führenden Politikern und Militärs enthüllt Hitler seine Kriegspläne (»Hoßbach-Protokoll«)

6. 11. Italien tritt dem Antikominternpakt bei

1938

4. 2. Nach Entlassung Blombergs und Fritschs macht Hitler sich selbst zum Oberbefehlshaber der Wehrmacht

12. 2. Abkommen zwischen Hitler und dem österreichischen Bundeskanzler Schuschnigg

11. 3. Hitler erteilt Weisung zur Besetzung Österreichs

12./13. 3. Durch Einmarsch deutscher Truppen in Österreich wird der »Anschluß« vollzogen

28. 3. Hitler empfängt den Führer der Sudetendeutschen Partei Henlein und erteilt ihm Weisung, auf Konfrontationskurs gegen die tschechoslowakische Regierung zu gehen
22. 4. Im Operationsplan »Grün« wird der Angriff auf die Tschechoslowakei festgelegt
21. 5. Teilmobilmachung in der Tschechoslowakei
28. 5. Hitler erklärt auf einer Konferenz in der Reichskanzlei, die Tschechoslowakei zerschlagen zu wollen
13. 9. Verhängung des Standrechts in den Grenzbezirken der Tschechoslowakei
15. 9. Großbritanniens Premierminister Chamberlain fliegt zu Hitler nach Berchtesgaden
22.–24. 9. Deutsch–britische Besprechungen in Bad Godesberg
23. 9. Mobilmachung in der Tschechoslowakei
26. 9. Hetzrede Hitlers gegen die Tschechoslowakei im Berliner Sportpalast (»Herr Benesch mag wählen!«)
28. 9. Offiziersopposition plant Festnahme Hitlers
29./30. 9. Konferenz in München. Das Sudetenland wird dem Reich zugesprochen
1. 10. Deutsche Truppen nehmen vom Sudetenland Besitz
29. 10. Wiener Schiedsspruch über den Grenzstreit zwischen der Tschechoslowakei und Ungarn

1939

10. 3. Absetzung des slowakischen Ministerpräsidenten Tiso durch die tschechoslowakische Regierung
13. 3. Tiso proklamiert in Berlin die Unabhängigkeit der Slowakei
14./15. 3. Der tschechoslowakische Staatspräsident Hacha legt die Geschicke seines Landes »vertrauensvoll in die Hände des Führers«
15. 3. Einmarsch deutscher Truppen in die Tschechoslowakei. Bildung des »Protektorats Böhmen und Mähren«
18. 3. Deutsch-slowakischer Schutzvertrag
23. 3. Einmarsch deutscher Truppen ins Memelgebiet
11. 4. Im Operationsplan »Weiß« wird der Überfall auf Polen festgelegt
14. 4. US-Präsident Roosevelt warnt Hitler vor weiteren Annexionen
28. 4. Das Reich kündigt das Flottenabkommen mit England und den deutsch-polnischen Nichtangriffspakt

22. 5. »Stahlpakt« zwischen Deutschland und Italien
6. 6. Rückkehr der »Legion Condor« nach Deutschland
10. 8. Die Sowjets signalisieren ihre Bereitschaft zu Gesprächen mit dem Reich
12. 8. Eine englisch-französische Delegation trifft in Moskau ein
20. 8. Hitler richtet persönliche Botschaft an Stalin
23. 8. Abschluß eines deutsch-sowjetischen Nichtangriffspaktes mit geheimem Zusatzprotokoll
25. 8. Hitler widerruft Angriffsbefehl gegen Polen
29. 8. Italien bemüht sich um Entspannung des Konflikts. Großbritanniens Botschafter Henderson bei Hitler
1. 9. Kriegsausbruch. Deutsche Truppen überschreiten die polnische Grenze. In Deutschland Beginn der Kriegswirtschaft
2. 9. Italienischer Vermittlungsvorschlag
3. 9. England und Frankreich erklären Deutschland den Krieg
10. – 19. 9. Schlacht im Weichselbogen und Einschließung Warschaus
18. 9. Sowjettruppen marschieren in Ostpolen ein
27. 9. Warschau kapituliert
28. 9. Deutschland und die Sowjetunion einigen sich über die Aufteilung Polens und Wirtschaftsfragen
2. 10. Kapitulation von Hela beendet den Polenfeldzug
6. 10. Hitler unterbreitet den Westmächten ein Friedensangebot
9. 10. In der OKW-Weisung »Gelb« wird der Angriff auf Frankreich, Belgien, Luxemburg und die Niederlande festgelegt
12. 10. Polen wird deutsches »Generalgouvernement«. Beginn der Judendeportationen aus Österreich und dem Protektorat

Register

Verzeichnis der benutzten Quellen

Martin Broszat, Nationalsozialistische Polenpolitik. Frankfurt/M. – Hamburg 1965 (= Fischer Bücherei 692)

Michael Freund, Geschichte des Zweiten Weltkriegs in Dokumenten. Bd. II. Freiburg 1959

Adolf Hitler, Mein Kampf. München 1933

Internationaler Militärgerichtshof. Bd. XXV, XXVI u. XXXIII. Nürnberg 1947 u. 1949

David Irving, Hitlers Weg zum Krieg. München – Berlin 1979

Hans-Adolf Jacobsen, 1939 – 1945. Der Zweite Weltkrieg in Chronik und Dokumenten. Darmstadt 1961

Hans-Adolf Jacobsen u. Hans Dollinger (Hrsg.), Der Zweite Weltkrieg in Bildern und Dokumenten. Bd. I. München – Wien – Basel 1962

Lexikon des Zweiten Weltkriegs. München 1977

Timothy Mason, Arbeiterklasse und Volksgemeinschaft. Opladen 1975

Paul Schmidt, Statist auf diplomatischer Bühne. Bonn 1949

Marlis G. Steinert, Hitlers Krieg und die Deutschen. Düsseldorf – Wien 1970

Vierteljahreshefte f. Zeitgeschichte 2/1968

Weltkriege und Revolutionen 1914 – 1945. München 1961 (= Geschichte in Quellen 5)

Bilder wurden zur Verfügung gestellt von dpa, Ullstein, K. Zentner.